화폐라는 짐승

L'Equilibre Européen.

오노레 도미에, 〈유럽의 균형〉, 1866.
지도는 영토를 보여줄 뿐 국경을 보여주지 않는다.
오히려 지도는 국경을 가리고 있다.

지구는 한 덩어리의 땅입니다. 하지만 세계지도를 보면 여러 조각입니다. 지도에는 대지에 없는 선이 있습니다. 바로 국경이죠. 그러므로 지도가 보여주는 것은 대지가 아니라 국경을 두른 영토입니다. 주권에 따라 그려진 법률적 땅이죠.

그런데 마르크스를 읽고 나서 이런 생각이 들었습니다. 지도는 영토를 보여줄 뿐 국경을 보여주지는 않는다. 오히려 지도는 국경을 가리고 있다. 지도를 펼쳐놓으면 우리는 국경을 넘는 것에 대해서는 사고할 수 있지만 국경 자체를 사고할 수는 없습니다. 국경 안에 머무를 수 없습니다. 지도는 국경을 면이 아닌 선으로 표시하니까요.

국경선은 국경을 드러내는 선이 아니라 가리는 선으로 보입니다. 영토가 아닌 땅을 영토 안으로 밀어 넣고 꿰매버린 봉합선 같다고 할까요. 지도는 우리에게 면을 가진 것은 영토뿐이라고, 우리 삶이 필요로 하는 면적은 영토에서만 제공될 수 있다고 말하는 것 같습니다. 한 영토를 벗어나 다른 영토로 갈 수는 있지만 영토 바깥은 없다고, 영토 아닌 대지는 남아 있지 않다고요.

도대체 화폐는 어디서 온 것인가. 마르크스는 놀랍게도 우리가 좀처럼 생각하지 못하는 곳을 지목했습니다. 화폐는 모든 공동체들의 바깥에서 왔다. 그는 말했습니다. 다른 공동체에서 온 것이 아니라 '공동체들의 바깥'에서 왔다고 말입니다.
공동체가 끝나는 곳, 공동체의 규칙이 작동하지 못하는 곳. 거
기가 어딘가요? 우리는 그곳을 지도에서는 찾을 수 없습니다.
그곳은 공동체와 공동체 사이, 바로 '경계'(Grenze)이기 때문
이지요. '끝'이면서 '사이'인 공간입니다. 마르크스에 따르면
거기서 상품교역이 이루어졌고 거기서 화폐가 생겨났습니다.
그러고는 마치 반동처럼 공동체 안으로 파고들었습니다.
도대체 국가는 어디서 온 것인가? 마르크스는 『국가』가 아니
라 『자본』을 썼기에 이렇게 묻지는 않았습니다. 하지만 나는
같은 대답을 할 수 있다고 봅니다. '화폐'라는 짐승도, '국가'
라는 괴물도 모두 '바깥'에서 왔다고 말입니다. 모든 코뮌들
의 바깥, 공동체와 공동체 사이, 종족과 종족이 마주치는 곳에
서, 다시 말해 국경에서 태어났다고요. 거기서 생겨난 폭력이
반동적으로 내부로 파고들어 주권이 되었을 것이라고요.
물론 하나의 가설입니다. 그리고 지금 내가 하는 말이 이상하
게 들릴 겁니다. 국경이란 국가의 경계인데 국경이 국가의 발
생 장소라니요. 하지만 국경은 국가의 힘이 끝나는 장소이자
국가가 정의되는[정의(definition)란 끝(finis)을 그리는 일이죠]
장소이며, 무엇보다 국가가 매번 자신을 재생산하는 장소입
니다. 국경만큼 국가를 잘 확인할 수 있는 곳은 없습니다. 국

경의 삶만큼 국가와 주권에 대해 잘 말해주는 것은 없습니다. 국경은 어디에나 있습니다. 누군가 시민으로서 영토적 삶을 사는 곳이 누군가에게는 시민권이 없는 채로 국경의 삶을 사는 곳입니다. 말하자면 모든 영토는 국경일 수도 있습니다. 누구보다 마르크스 자신에게 그랬습니다. 1845년 프로이센 시민권을 포기한 이래 그는 죽을 때까지 국적 없는 삶을 살았습니다. 그는 국경에서 살았던 겁니다.

이곳을 사유해야 합니다. 국가와 비국가, 자본과 비자본의 이야기가 함께 존재하는 곳, 영토 바깥. 이 국경의 삶에 주목해야 합니다. 곳곳에 있는데도 좀처럼 눈에 띄지 않는 이곳, 국경을 사유해야 합니다.

차례

일러두기

- 『화폐라는 짐승』은 열두 권의 단행본과 열두 번의 강연으로 채워지는 〈북클럽 『자본』〉 시리즈의 3권입니다. 〈북클럽 『자본』〉은 철학자 고병권이 카를 마르크스의 『자본』 I권을 독자들과 함께 더 깊이, 더 새롭게, 더 감성적으로 읽어나가려는 기획입니다.

- 『화폐라는 짐승』은 『자본』 I권 제2장 '교환과정', 제3장 '화폐 또는 상품유통'을 다룹니다. 〈북클럽 『자본』〉의 출간 목록과 다루는 내용은 아래와 같습니다. 괄호 안은 『자본』 I권의 차례이며 독일어 판본(강신준 옮김, 『자본』, 길)을 기준으로 삼았습니다

- 〈북클럽『자본』〉에서 저자는 독일어 판본 '마르크스·엥겔스전집' *MEW: Marx Engels Werke*과 김수행이 우리말로 옮긴 『자본론』(I, 비봉출판사, 2015), 강신준이 우리말로 옮긴 『자본』(I, 길, 2008)을 참고했습니다. 본문 내주는 두 번역본을 기준으로 표기하되 필요하면 지은이가 번역문을 수정했습니다. 단, 본문에서 마르크스의 『자본』 원문의 해당 장(章)을 언급할 때, 시리즈의 3권부터는 독일어 판본을 기준으로 표기하고 영어 판본(김수행 번역본)이 그것과 다를 경우 괄호로 병기했습니다.

- 〈북클럽『자본』〉은 이전에 없던 새로운 활자체를 사용하였습니다. 책과 활자를 디자인하는 심우진이 산돌커뮤니케이션과 공동 개발한 「Sandoll 정체」가족의 530, 630입니다. 그는 손글씨의 뼈대를 현대적으로 되살려 '오래도록 편안한 읽기'를 위한 본문 활자체를 제안하였습니다. 아울러 화자의 호흡을 고스란히 드러내는 문장부호까지 새롭게 디자인하여 글이 머금은 '숨결'까지 살려내기를 바랐습니다.

1

상품소유자

———

상품을 소유한다는 것

"상품이 고분고분하지 않으면
인간은 폭력을 사용할 수 있다."
이 문장의 '상품' 자리에
'몸을 파는 여성'을 넣어볼까요.
이 문장에 마르크스가 주석을 달아둔 걸 보면
그는 '몸을 파는 여성'을 떠올린 것 같습니다.
상품으로 나온 '여성의 몸',
성적 쾌락을 제공하는 '여성'의 능력을
떠올린 겁니다.
왜 그는 '고분고분하지 않은 상품'을 가정하고,
거기에 '몸을 파는 여성' 이야기를
주석으로 달았을까요.

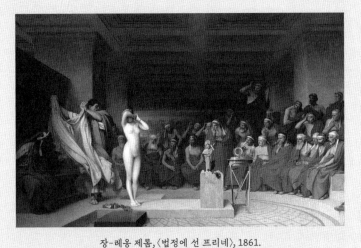

장-레옹 제롬, 〈법정에 선 프리네〉, 1861.
상품과 소유자의 일반적 관계에는 폭력이 내재해 있다.
어떤 존재가 상품이 되어 누군가의 소유물이 된다는 것은……
그 처분이 소유자에게 완전히 내맡겨지는 상황에 처한다는 뜻이다.
상품소유자의 전제적 지배 아래 놓이는 것이다.

또 첫 문장에 눈이 갑니다. 〈북클럽『자본』〉시리즈 2권『마르크스의 특별한 눈』에서도 우리는 첫 문장을 꽤 오래 붙들었는데요. 이번에도 그래야 할 것 같습니다.『자본』제2장의 첫 문장은 이렇습니다. "상품은 스스로 시장에 갈 수 없고 스스로 자신을 교환할 수도 없다."[김, 110; 강, 149] 너무 당연한 말이죠. 만화적 상상이라면 모를까, 상품이 제 발로 시장에 가서 자신을 다른 상품과 교환하는 일은 없겠죠. 너무나 당연해서 더 생각할 것도 없는 말입니다.

◦ 상품이 소유자의 손에 끌려간다

그런데 당연한 말에 고개를 크게 끄덕여본 적 있습니까. 이를테면 "해가 동쪽에서 뜬다"라는 말에 문득 '아, 그렇구나!' 하고 고개를 끄덕이는 체험 같은 것 말입니다. 내게는 이 문장이 그랬습니다. 상품은 혼자서 시장에 가지 못합니다. 그런데 이 당연한 걸 깨닫는 순간 마치 영화의 한 장면처럼 풍경이 바뀝니다. 특정 사물을 비추던 카메라가 줌아웃되면서 새로운 풍경이 펼쳐지듯이. 지난 2권에서 살펴본『자본』제1장과 장소는 똑같은데 제2장은 풍경이 아주 달라 보입니다.

상품들은 작아지고 대신 그 상품들을 들고 있는 사람들이 나타납니다. 상품소유자들이죠. 제1장에서 서로 다른 상품들의 만남으로 보였던 것이 제2장에서는 서로 다른 사람들의 만남으로 바뀝니다. 표정과 감각을 지닌 인간들이 서로를 마주봅니다. 제1장이 사물극이었다면 제2장은 사람극입니다.

제1장에서는 책상이 저절로 춤을 추는 줄 알았는데 제2장에서는 책상을 싣는 사람들의 손이 보입니다. 마르크스는 상품소유자들의 만남을 "가면을 쓴 채 등장한 배우들"(Charaktermasken)로 묘사했는데요. 『자본』의 등장인물들이 대체로 그렇듯 모두가 '페르소나'입니다. 주어진 배역, 즉 특정한 '경제적 관계'를 연기하는 사람들이죠.

사물들을 보다가 사람들을 보는 것. 이는 시야의 단순한 확대가 아닙니다. 사물들의 교제만 보았을 때 우리는 '가치'에만 관심을 가졌습니다. 서로 다른 사물들이 상품으로서 교환되려면 등가여야 합니다. 가치량이 같아야 하죠. 그런데 사람들의 만남은 조금 다릅니다. 일단 사람이 사람을 대등하게 만나는 것은 가치량의 문제가 아닙니다. 인격의 동등성은 상품가치의 동등성과는 다릅니다. 그것은 신분적(사회적)·법적 동등성입니다. 게다가 두 사람이 서로 물건을 교환하려면 가치의 등가성만이 아니라 욕구의 상호성이 있어야 합니다. 사람들이 물건을 교환할 때는 욕구와 의지가 개입합니다. 가치가 동일하다고 무조건 교환하는 게 아닙니다.

상품소유자들이 인격적으로 동등하다는 건 서로에게 교환을 강요할 수 없다는 뜻입니다. 내 상품을 누군가에게 기꺼이 넘겨주는 것은 내가 원하는 상품을 그가 가졌기 때문이지요. 내가 원하는 상품을 가진 사람이 내 상품을 원하지 않을 수는 있습니다. 하지만 내 상품을 원하는 사람에게 판 뒤 얻은 화폐를 가져가면 그도 상품을 내게 건네겠지요. 이런 믿음으로 우리는 시장에 갑니다. 내 물건을 원하는 사람이 있고 내가 필요로 하는 물건이 있다는 믿음이 없다면 애초 물건을 들고 나서질 않았을 겁니다.

물론 이 믿음이 구원까지 얻게 할지는 알 수 없지요. 내가 원하는 대로 일이 풀린다는 보장은 없습니다. 허탕을 치고 올 수도 있으니까요. 내가 땀을 뻘뻘 흘려가며 만든 물건이지만 남들은 관심이 없습니다. 내 땀의 양은 그의 관심사가 아닙니다. 내가 가진 물건이 자신의 욕구를 충족하느냐가 중요하지요. 그리고 이때야 내 노동도 쓸모를 인정받습니다. 그렇지 않다면 나는 쓸데없는 짓을 한 셈이지요. 그러니 내 욕망을 충족하기 위해서라도 타인의 욕망을 충족하는 것이 중요합니다. 결국 나는 타인의 욕망을 욕망하게 되죠. 타인의 욕망을 획득해야 내 물건이 하나의 상품으로서 사회성을 인정받으니까요.

지금 우리는 시야를 '사물'에서 '사람'으로 옮길 때 생각해볼 수 있는 것들을 이야기하고 있는데요. 내가 끝으로 강조해두고 싶은 것은 '역사'입니다. 상품 자체는 왜 자신이 다른 상품들을 찾아나서야 하는지 말해주지 않습니다. 상품은 그저 자신과 마주하는 다른 상품을 거울처럼 바라보고 있지요. 거울을 본다는 것은 자기 자신을 보는 겁니다. 상품은 상대방을 자신의 가치를 보여주는 존재로만 간주합니다. 그러니 거울로서 상대방 상품은 서로의 교환이 동등하다는 것은 말해주지만 왜 둘이 교환되어야 하는지는 말해주지 않습니다.

그럼 상품은 왜 시장에 갔는가. 소유자에게 끌려갔을 뿐입니다. 그렇다면 소유자는 왜 상품을 시장에 끌고 갔을까요? 그에게는 욕구도 있지만 사정이 있습니다. 언제부턴가 삶에 필요한 것들은 모두 시장에 가야만 구할 수 있게 되었거든요. 또 시장에서 어떤 것을 구하려면 시장에 무언가를 내다팔아야만 했고요. 언제부턴가 시장에서 이뤄지는 상품교환이 삶을 꾸려가는 방식이 된 겁니다. 고대에도 소수의 사람들은 그렇게 살았습니다. 하지만 이제는 다수의 사람들이 그렇게 살 수밖에 없는 상황이 되었지요. 사람들에게 '역사적으로' 무슨 일인가 일어난 겁니다.

자본주의사회는 역사적으로 독특한 것이라고 했지요. 사물들만 보아서는 이 점이 잘 보이지 않습니다. 사물들이 상품이 된 것은 사물들 사이에서 일어난 일 때문이 아니라 사람들 사이에서 일어난 일 때문이니까요. 상품의 탄생은 인간관계의 역사적 탄생을 전제합니다. 그래서 『자본』제2장 첫 문단에서 마르크스는 이렇게 적었습니다. "사물들이 상품으로 서로 관계를 맺기 위해서는 상품보호자(Warenhüter)들이 자신들의 의지를 이 사물들에 담아 인격으로서 서로 관계를 맺어야 한다."[김, 110; 강, 149]

○ 상품이 고분고분하지 않으면

이제 우리는 『자본』제2장을 통해 상품과 화폐의 존재가 전제하는 인간관계가 어떤 것이고 어떻게 생겨났는지를 살펴볼 겁니다. 상품소유자들의 공동체가 어떻게 출현했는지를 다룹니다. 그런데 상품들의 관계에서 사람들의 관계로 넘어가기 전에 마르크스가 짧게 짚고 가는 것이 있습니다. 상품이 소유자의 손에 끌려가는 모습이죠. 이 장면을 묘사하면서 마르크스는 상품을 소유한다는 것이 무엇인지 말해줍니다. 상품과 소유자의 관계 말입니다.

제2장의 첫 문장을 다시 읽어보겠습니다. "상품은 스스로 시장에 갈 수 없고 스스로 자신을 교환할 수도 없다. 그러므로 우리는 상품의 보호자 즉 상품소유자를 찾지 않으면 안 된다. 상품은 사물이므로 인간에게 저항할 수 없다."[김, 110; 강, 149] "상품은 스스로 시장에 갈 수 없"다는 말처럼 "상품은 사물이므로 인간에게 저항할 수 없"다는 말도 지극히 당연한 말로 보입니다. 배추가 시장에 안 가겠다고 농부에게 저항한다면 괴이한 일이겠죠.

마르크스가 이 당연한 말을 쓴 이유가 뭘까요? 이 문장은 마르크스가 '소유한다'라는 것의 핵심을 무엇이라 생각했는지 알려줍니다. 상품을 소유한다는 것은 전제적 지배권을 갖는다는 뜻입니다. 저항을 절대 용납하지 않죠. 그리고 거래를 통해 상품소유권을 누군가에게 넘긴다면 그가 해당 상품에 대해 전제적 지배권을 넘겨받는 것이죠.

이렇게 이야기하니 분위기가 좀 음산한가요. '사물인데 뭐 어때?'라고 생각할 수도 있겠습니다. 그런데 그다음 문장이 또 묘합니다. "만일 상품이 고분고분하지 않으면 인간은 폭력(Gewalt)을 사용할 수도 있다. 바꾸어 말하자면 그것을 장악하는 것이다."[김, 110; 강, 149] 여기서 '장악한다'로 내가 옮긴 말은 독일어 'nehmen'인데요. '손에 넣다', '취하다' 정도의 말로 옮길 수 있겠습니다만, 바로 앞에 '폭력'이라는 말이 사용되었기에, 지배의 의미를 담아 더 강한 말로 옮겼습니다.

여기서 마르크스는 상품이 '고분고분하지 않은' 경우를 가정하고 있습니다. 도대체 왜 이런 가정이 필요했을까요? 그랑빌(J. J. Grandville)이 『인생사의 소소한 재난들』Petites misères de la vie humaine에서 그린 것처럼 인간을 은근히 성질 돋게 하는 사물들을 상상한 걸까요? 그런 것 같지는 않습니다. 왜 마르크스가 이런 말을 했는지 즉각적으로 알기는 어렵습니다. 물건으로서 상품이 인간에게 저항하는 경우는 생각할 수 없으니까요.

하지만 '살아 있는 상품', 이를테면 '노예'라면 어떨까요. 이 경우 "상품은 사물이므로"라는 말은 아주 다르게 들립니다. 노예가 시장에 끌려가지 않으려고 할 때 주인이 내뱉는 말과 같지요. "상품은 사물이다. 네가 상품인 한, 너는 인간인 나에게 반항할 수 없다. 만약 네가 고분고분하지 않으면 나는 '폭력'을 사용할 것이다. 나는 네 소유자이므로."

무언가를 소유한다는 것은 이처럼 전제적 지배권을 행사하는 것입니다. 그런데 그 전에 하나의 뜻이 더 담겨 있습니다. 마음대로 전제적 지배권을 행사할 수 있는 것은 그 대상이 사물이기 때문입니다. 그러므로 무언가를 소유한다는 것은 그것을 사물화한다는 뜻을 담고 있습니다. 누군가의 소유물이 된다는 것은 인격을 박탈당하는 일입니다. 마음대로 처분해도 좋은 존재가 되는 것이지요.

마르크스는 상품이 고분고분하지 않으면 상품소유자가 상품에 폭력을 가할 수 있다는 문장에 의미심장한 주석을 달았습니다. "신앙심(Frömmigkeit)으로 평판이 높았던 12세기에도 상품들 중에는 가끔 아주 민감한 것도 있었다. 당시 프랑스의 한 시인은 랑디(Landit) 시장에서 볼 수 있는 상품들로 천, 구두, 가죽, 농기구, 모피 등과 함께 '몸을 파는 여성'(femmes folles de leur corps)까지 들고 있다."(김, 110, 각주 1; 강, 149, 각주 37)

우리는 마르크스가 본문에 '고분고분하지 않다'라는 말을 쓴 이유를 여기서 알 수 있습니다. 그가 주석에 나열한 상품 중에 '고분고분하지 않'을 수 있는 상품이 들어 있으니까요. 바로 '몸을 파는 여성'입니다. 방금 말한 것처럼, 상품으로서 '몸을 파는 여성'은 천, 구두, 가죽, 농기구, 모피 등의 사물과 나란히 나열되어 있습니다. 사물 중의 하나가 된 겁니다.

예전에 한 장애인이 장애인수용시설을 회고하며 했던 말이 떠오르네요.[1] "말이 기도원이지 소가 20마리, 개가 30마리, 알코올중독자가 80퍼센트, 정신지체자가 20명 있던 곳이야." 그가 사람 숫자를 소와 개 숫자와 나란히 말한 것은 짐승 취급을 받던 기억 때문일 겁니다. 실제로 그는 수용자들이 소위 "행패를 부리면" 시설관리자가 그들을 개 목줄에 "묶어"

두었다고 말했으니까요.

사실 매춘은 고대 그리스에서도 기록을 찾아볼 수 있을 만큼 오래되었습니다. 마르크스는 사람들의 신앙심이 높은 시기였다는 12세기에도 매춘이 있었다고 했는데요. 대규모 십자군 원정이 있던 때입니다. 당시 기독교 군대는 성지를 지키고 탈환하러 가는 성스러운 원정에 수천 명의 매춘 여성을 동반했다고 합니다.[2] 각 도시에서도 매춘업소가 성업을 이루었는데 성직자들과 길드의 직인과 도제, 학생들, 순례자들, 상인들이 주요 고객이었다고 합니다.

이제 "상품이 고분고분하지 않으면 인간은 폭력을 사용할 수 있다"라는 문장의 '상품' 자리에 '몸을 파는 여성'을 넣어볼까요. 실제로 여기에 주석을 달아둔 걸 보면 마르크스는 '몸을 파는 여성'을 떠올린 게 분명합니다. 상품으로 나온 '여성의 몸', 엄밀히 말하자면 성적 쾌락을 제공하는 '여성'의 능력을 떠올린 겁니다.

상품의 자리에 '몸을 파는 여성'을 놓는 순간 소유자도 다르게 읽힐 수 있습니다. 소유자는 여성의 몸을 산 사람이겠지요. 여성의 성적 능력을 구매하고 소유하게 된 사람 말입니다. 그렇다면 우리는 "상품은 인간에게 저항할 수 없다", "상품이 고분고분하지 않으면 인간은 폭력을 사용할 수 있다"라고 했을 때, '인간' 즉 'Mensch'를 '남성'으로 읽을 수도 있습니다. 그러면 '몸을 판' 여성은 남성에게 반항할 수 없으며, 고분고분하지 않을 경우 남성은 폭력을 사용할 수 있다는 뜻이

됩니다.

　여기서 폭력은 이중적입니다. 상품과 소유자의 일반적 관계에 내재한 폭력이 하나 있습니다. 어떤 존재가 상품이 되어 누군가의 소유물이 된다는 것은, 마치 인간 앞의 사물처럼, 그 처분이 소유자에게 완전히 내맡겨지는 상황에 처한다는 뜻입니다. 상품소유자의 전제적 지배 아래 놓이는 것이지요. 그런데 성의 상품화, 즉 '몸을 파는 여성'에게는 또 하나의 폭력, 즉 남성의 폭력이 겹쳐 있습니다. 전자가 자본주의적 폭력이라면 후자는 가부장적 폭력이라 할 수 있을 텐데, 전자에 후자가 겹쳐 있다고 할 수 있겠습니다. 『자본』 제2장에서 상품 소유자가 등장하고 상품의 교환에 대한 설명이 개시되자마자 우리는 자본주의와 가부장제가 교차하는 지점 혹은 가부장제의 자본주의적 형태를 목도하게 됩니다.

◦ 생체에 담긴 상품

마르크스가 여기서 '몸을 파는 여성'의 문제 자체를 다루려 했던 것은 아닐 겁니다. 『자본』에서는 사실상 이 문제가 다루어지지 않습니다. 그렇다면 왜 그는 '고분고분하지 않은 상품'을 가정하고 '몸을 파는 여성' 이야기를 주석으로 달았을까요. '몸을 파는 여성'은 앞으로 보게 될 '노동자'에 대한 비유로 보입니다[참고로 마르크스가 노동자의 처지를 언급하며 든 이런 비유들에 대해, 그리고 '몸을 파는 여성'을 둘러싼 이중의 폭력(자본가와 남성)과 매춘이 노동시장에서 '배제된 형태로 수용된' 상품으로서 중세 도시에서 어떤 의미를 가졌었는지에 대해서는 부록노트에서 짧게 언급했습니다].

좀 이른 이야기입니다만 우리는 시리즈의 다음 권인 4권에서 특별한 '상품'으로서 노동력이 매매되는 장면을 볼 겁니다. 노동자가 자본가에게 노동력을 상품으로 판매하는 장면, 노동력에 대한 소유권을 자본가에게 넘기는 장면입니다. '몸을 파는 여성' 비유는 바로 그 '소유권 양도'가 무엇을 의미하는가를 미리 보여줍니다. 자본가는 '몸을 판 노동자'에 대해 전제적 지배권을 행사할 수 있습니다. 상품인 노동자가 고분고분하지 않으면 언제든 폭력을 쓸 수 있습니다. 상품의 소유권을 넘긴다는 것은 그런 겁니다. 아직은 우리가 일반적 상품들의 교환 장면을 보고 있기에 이런 폭력 이야기가 대수롭지 않게 느껴질 수 있습니다. 하지만 우리는 시리즈 4권에서, 아니 『자본』을 읽는 내내 이를 곱씹게 될 겁니다. 마르크스가 앞으로 전개될 이야기의 중요한 단서 하나를 여기에 슬쩍 흘려놓은 셈이지요.

마르크스는 상품은 사물이며 사물은 인간[남성]에게 저항하지 못한다고 말한 뒤 만약 "그 상품이 고분고분하지 않으면"이라는 가정을 했습니다. 그리고 나는 이것이 성이나 노동력 같은 상품을 염두에 둔 것으로 보인다고 했지요. 그렇다면 왜 이런 상품들은 소유물이 되고 나서도 소유자에게 고분고분하지 않은 걸까요? 그것은 이 상품들이 생체에 담겨 있기 때문입니다. '몸을 파는 여성'이라고 했지만 엄밀히 말해 여성이 파는 건 '몸'이 아닙니다. 만약 몸 자체를 팔았다면 노예가 되었겠지요. 그러므로 '몸에 대한 소유권'을 넘긴 게 아닙니다. 실제로는 성적 쾌락을 일으킬 수 있는 능력을 판 것이고 이 능력이 몸에 있는 한 '몸에 대한 사용권'을 팔았다고 할 수 있습니다.

　　노동력 판매도 마찬가지입니다. 엄밀한 의미에서 노동자는 노예처럼 자기 자신을 판 것이 아닙니다. 가치를 보존하고 창출하는 능력으로서 '노동력'을 판 것이지요. 물론 우리는 인간주체로부터 활동능력을 분리해서 판매하는 것이 가능하냐고 의문을 제기할 수 있습니다. 어쩌면 노동자는 실제로는 노예처럼 자기 자신을 팔았는지도 모릅니다. 하루 중 일정 시간만 노예 생활을 한다는 점에서 고대의 노예와는 다르겠지만요. 니체(F. Nietzsche)는 근대인들이 말하는 '노동의 존엄'을, 부끄러움을 감추기 위한 노예의 자기기만이라고 꼬집기도 했습니다.[3]

　　하지만 우리가 노동력의 판매와 노동자의 판매를 구분하지 않는다면, 인간존재 자체를 매매 대상으로 삼을 수 있다고 본다면 우리는 노예제 사회로 퇴행하는 거겠죠. 이는 근대의 정치학·경제학·사회학의 바탕에 깔려 있는 인간 개념을 포기하는 게 됩니다. 이는 근대적 제도와 학문이 딛고 선 토대의 문제이지요. 게다가 인간의 인간 지배에 대한 최소한의 방어장치인 인간의 권리, 즉 인권 개념을 포기하는 것이라고도 할 수 있습니다.

다시 생체에 담긴 상품들에 대한 이야기를 이어가겠습니다. 개념적으로 노동력이나 성능력(섹슈얼리티)을, 그것을 소유한 인간 자체와 구분한다고 해도 문제는 남습니다. 노동력이나 성능력처럼 인간생체를 벗어나는 순간 파괴되는 상품이라면, 개념적으로는 분리가 될지라도 물리적으로는 분리되지 않은 채 붙어 다녀야 합니다. 상품을 넘겨주면 생체가 따라갈 수밖에 없어요. 판매자인 노동자는 노동력을 판 뒤에도 구매자인 자본가를 따라가야 합니다. 상품만 판매한 것이고 생체는 판매하지 않았지만, 상품이 생체 속에서만 기능하기 때문에 생체 사용권을 임대하듯 넘겨야 합니다.

생체 안에는 능력이 들어 있습니다. 자본가 내지 남성은 일정 기간 이 능력에 대한 처분권을 얻었으므로 최대의 가치와 쾌락을 생산하도록 노동자와 여성의 능력을 쥐어짤 겁니다. 그런데 능력을 쥐어짜는 일은 실제로는 생체를 쥐어짜는 일입니다. 해당 상품을 담고 있는 생체에게 고통과 손상을 가하는 겁니다. 주체와 능력, 주체와 활동을 개념적으로 아무리 정교하게 분리해내도 노동자와 여성은 노동행위와 성행위 속에서 괴롭힘을 당하고 손상을 입을 수밖에 없습니다.

일반적 상품 매매에서는 거래 후에 판매자와 구매자가 더는 마주할 일이 없습니다. 그러나 성과 노동은 그렇지 않습니다. 매매 현장 즉 시장을 떠난 후에도 판매자는 구매자와 상품의 소비 현장에서 다시 마주해야 합니다. 매매한 상품이 개념적으로는 판매자로부터 구매자에게 양도되지만 현실적으로는 판매자 없이 구매자가 상품을 사용하는 것이 불가능하기 때문입니다.

앞으로 우리는 『자본』 곳곳에서 고분고분하지 않은 노동자들을 만날 겁니다. 마르크스는 나중에 노동력의 가치를 '가변자본'이라고 부릅니다. 자본의 일종으로 본 것이죠. 자본주의 생산양식 안에서 노동은 자본에 꼭 필요한 기능이니까요. 자본은 원료나 기계와 같은 생산수단에도 투여되지만 노동력에도 투여됩니다. 원료·기계·노동자는 자본주의적 생산의 작은 부품들처럼 움직입니다. 모두가 자본의 일부분이죠.

그런데 부품들이 매끄럽게 움직이지 않을 때가 있습니다. 특히 노동력이라는 부품이 자본의 일부임에도 마치 그렇지 않은 것처럼 마찰을 일으킬 때가 있습니다. 이런 마찰의 대부분은 노동력을 담고 있는 생체가 일으킵니다. 이를테면 자본가가 하루 중의 노동시간 즉 '노동일'을 연장하려 들거나 노동강도를 높이려 할 때 저항이 나타납니다. 생체가 견디기 힘들어 반발하는 거죠. 그러면 자본가는 이 고분고분하지 않은 상품에 폭력을 휘두릅니다. 역사적으로 자본주의가 탄생하던 때, 즉 '시초축적' 때도 그랬습니다. 자본가는 고분고분하지 않은 생체를 유순하고 유능한 노동신체로 만들기 위해 끔찍한 폭력을 사용합니다. 일종의 생체훈육입니다. 이때도 강한 저항이 나타났습니다. 이에 대해서는 '노동일'(제8장, 영어판은 제10장)과 '시초축적'(제24장, 영어판은 제26장)을 다룰 때 더 자세히 언급하겠습니다.

2

화폐, 코뮌을 해체하다

"그들은 모두 한마음이 되어 자기들의
힘과 권세를 그 짐승에게 주더라.
누구든지 이 표를 가진 자 외에는
매매를 못하게 하니
이 표는 곧 짐승의 이름이나 그 이름의 수라."
특정한 상품이 일반적 등가물로 등장하는 것에 대한
묘사입니다. 이 구절은 홉스의 『리바이어던』을
연상시킵니다. 홉스는 국가의 출현을 설명하려
「욥기」에서 '리바이어던'을 인용했고,
마르크스는 화폐의 출현을 설명하려
「요한계시록」에서 '테리온'을 인용했지만
두 짐승이 등장하는 원리는 같습니다.

아브라함 보스가 그린 『리바이어던』 표지.

마르크스는 토머스 홉스를 가리켜 "잉글랜드의 최초 경제학자들 중 한 사람이자
매우 독창적인 철학자들 중 한 사람"이라 평가했다. 한 가지 재밌는 사실은
마르크스가 『자본』 초고를 십필 중일 때, 아내 예니는 엥겔스에게 보낸 편지에서
『자본』을 '리바이어던'이라고 불렀다는 점이다.
"그 리바이어던이 진수되기만 하면 얼마나 좋을까요" 하고.

지금까지 우리는 '상품과 소유자의 관계'를 살펴보았습니다. 이제 상품을 교환하는 '소유자들의 관계'로 넘어가볼까요. 서로 다른 두 상품이 어떻게 교환될 수 있을까? 『자본』 제1장에서 마르크스는 이 물음으로부터 두 상품의 공통된 실체로서 추상노동 개념을 끌어냈습니다. 그런데 제2장에서는 동일한 그 물음이 다른 의미를 갖습니다. 제2장에서는 이것이 서로 다른 '두 사람'에 대한 물음이 되기 때문입니다.

◦ 상품을 교환하는 사람들은 서로에게 타인이다

'도대체 둘이 어떤 사이이기에 상품을 교환하는 걸까?' 이런 물음을 던지는 건 상품교환이 어떤 인간관계에서나 일어나는 일은 아니기 때문입니다. 이를테면 내가 아이에게 아침식사를 차려주면서 식대 지불을 요구하면 아이는 휘둥그레진 눈으로 물을 겁니다. "아빠, 왜 그래?"

하지만 이런 일도 있습니다. 뉴욕에 갔을 때 겪은 일인데요. 나는 공항에서 짐을 잔뜩 든 채 잠시 두리번거렸습니다. 그때 한 사람이 와서 공항 열차 타는 곳까지 짐을 들어주겠다는 거예요. 너무 고마웠습니다. 짐도 들어주고 길까지 안내해주었으니까요. "땡큐 소머치"라는 말을 얼마나 많이 했는지 모릅니다. 그런데 열차 타는 곳에 이르자 돈을 달라고 했습니다. 순간적으로 난 눈이 휘둥그레졌지요. 하지만 그의 요구는 당연한 것이었습니다. 공짜는 없으니까요. 아마 휘둥그레진 내 눈을 보고 그도 당황했을 겁니다. "이 사람, 왜 이래?"

어떤 관계에서는 상품이나 돈거래가 자연스럽지만 어떤 관계에서는 어색합니다. 우리가 제1장에서 여러 번 보았던 단순한 가치형태를 환기해볼까요. $xA = yB$. 이것은 상품 A와 상품 B의 교환비율을 나타냅니다. x량의 상품 A에 대해서는 상품 B를 y량만큼 내놓아야 합니다. 더도 덜도 안 됩니다. 만약 그렇게 되면 "이 사람, 왜 이래?" 하는 소리를 듣겠지요.

제1장에서는 정의를 실현하는 말처럼 들렸던 '등가교환'이 제2장에서 다시 보니 좀 서먹한 느낌을 줍니다. 두 사람은 상품의 등가 여부를 따지는 관계, 교환하는 물건을 저울에 달아보는 관계인 겁니다. 서로 '독립된 인격'이라 할 수도 있고 '믿을 수 없는 타인'이라고도 할 수 있는 그런 관계죠. 한마디로 서로 '남'입니다.

경제학자들은 이런 상황을 자연스러운 것으로 상정합니다. 이를테면 애덤 스미스(A. Smith)는 『국부론』을 '분업'에 대한 이야기로 시작하는데, 그에 따르면 '분업'은 "모든 인간에게 공통적인" 교환 성향에서 필연적으로 생겨난 결과입니다.[4] 그는 인간의 교환 성향이 본능인지 아니면 이성이나 언어 같은 속성에서 나오는지 따지지 않지만 어떻든 인간에게 본래적인 것이라고 믿었습니다.

그래서 스미스는 원시사회에 자본의 축적이나 토지의 사적 점유는 없었겠지만 교환은 그때부터 있었으리라 추정합니다. 심지어 물건의 교환비율을 규정하는 법칙도 그때 이미 존재했을 것이라 말합니다. "초기 원시사회에서는 각종 물품을 획득하는 데 필요한 노동량의 비율이 교환에 어떤 법칙을 제 공"했으리라는 거죠. 자본의 축적이나 토지의 사적 점유가 없 다면 원시사회에서 이윤이나 지대를 고려할 필요는 없을 겁 니다. 스미스는 이윤과 지대를 고려할 필요가 없으면 물품 가 격은 오로지 노동량에 좌우된다고 봅니다. 해리(海狸) 한 마리 와 사슴 두 마리를 교환하는 원시 수렵인들의 유명한 예가 여 기서 나옵니다.[5] 노동가치설에 입각한 $xA = yB$의 정식을 초역 사적으로 상정한 것이죠.

하지만 스미스가 상정한 원시인들의 교환은 그저 상상입 니다. 즉 역사 자료나 인류학적 보고에 기초한 게 아닙니다. 경제인류학자 칼 폴라니(K. Polanyi)는 '개인주의적 원시인'은 근거 없는 신화일 뿐이라고 지적했습니다. 원시공동체들을 보면 "공동체 전체가 궁핍에 빠지지 않는다면 개인은 굶주릴 위험에 처하는 법이 없다"라고요.[6] 공동체 전체가 굶어 죽을 수는 있어도 개인 혼자 굶어 죽지는 않습니다. 생계를 개인별 로 책임지는 구조가 아니기 때문이죠. 그러니 생계를 이어가 려고 홀로 돌아다니는 개인들이 원시공동체에는 존재하지 않 습니다.

스미스가 전제한 자연적 상황은 실제로는 자연적 상황이 아닌 겁니다. 해리와 사슴을 교환하는 장면을 그는 야생처럼 설정했지만, 그는 이미 물건에 대한 사적 생산과 소유를 전제 하고 있고 생산물의 자유로운 교환 또한 전제하고 있습니다. 이는 곧 그가 자기 시대의 어떤 모습을 야생적 환경에 투여한 것일 뿐이라는 이야기가 됩니다.

마르크스도 제2장에서 이 문제를 지적하고 있습니다. 상품소유자들은 서로 독립된 인격으로 만나야 하지만, "서로가 서로에 대해 타인인 이러한 관계는 자연발생적(naturwüchen) 공동체의 구성원들(Glieder)에게는 존재하지 않"습니다.[김, 115; 강, 153] 여기서 마르크스가 쓴 'Glied'는 팔다리 또는 관절을 뜻하는 말입니다. 해부학 용어죠. 구성원이란 팔다리처럼 붙어 하나의 신체를 이루는 존재입니다. 애초에 한 몸을 이루고 있으니 서로를 '타인'으로 생각하지 않습니다.

이는 페르디난트 퇴니스(F. Tönnies)가 전통적 공동체(Gemeinschaft)의 인간관계와 근대의 사회(Gesellschaft)에서 나타나는 인간관계를 구분하면서 쓴 말이기도 한데요. 퇴니스에 따르면 '공동체'의 구성원들은 우리 몸에 붙어 있는 팔다리처럼 '내적 규정'에 의해 통합되어 있습니다. 반면 '사회'는 개별 구성원의 '선택의지'에 따라 그리고 계약 같은 '외적 규정'에 의해 통합되어 있습니다.[7]

퇴니스는 사회적 인간관계를 '비동료 간 유대'라고 표현했습니다. '유대'이기는 하지만 독립 내지 분리가 전제된 유대라는 것이지요.[8] 계약을 맺는다는 건 이미 둘 사이가 남이라는 사실을 말해줍니다. 퇴니스는 이 점을 놓치지 않았습니다. 그는 "계약이란 한 점에서 분리되는 두 개의 배치되는 개인 의지의 결과"라고 했습니다.[9] 각각의 독립, 더 나아가 서로의 이익충놀이 전제되어 있는 것이죠.

좀 뜬금없는 이야기가 될 수도 있겠습니다만, 나는 이 대목에서 신라시대 향가 「제망매가」가 떠오릅니다. 작가가 누이의 명복을 빌며 쓴 것이라는데, "한 가지에서 나고도 가는 곳을 모르겠구나"라는 구절이 있습니다. 공동체적 관계란 이런 것입니다. 만남의 연원은 물음의 대상이 아닙니다. 하나의 가지에서 났으니까요. 정작 알 수 없는 것은 떠나가는 곳이지요. 사회적 관계에서는 그 반대입니다. 여기서는 만남 즉 '함께 있음'이 물음의 대상이 됩니다. 욕구도 다르고 이해관계도 상충하는 사람들이 어떻게 함께 있을 수 있을까? 저마다 자기 욕구에 충실한데도 질서가 유지되는 이유는 무얼까? 보이는 손이든 보이지 않는 손이든, 우리를 묶어주는 그 원리가 궁금할 수밖에 없습니다. 서로 남이니까요.

이 점에서 17~18세기 사회계약론의 등장은 의미심장합니다. 사회계약론은 '비동료 간의 유대'로서 사회가 어떻게 출현했는지를 설명하는 이론입니다. 잘 알려진 것처럼 사회계약론자들은 사회상태 이전의 자연상태를 가정합니다. 자연상태는 일종의 야만상태입니다. 이를테면 토머스 홉스(T. Hobbes)에게 자연상태란 인간이 서로에게 늑대인 상태입니다. 이 상태에서는 언제든 서로의 것을 빼앗을 준비가 되어 있지요. 어떻게 이 상태에서 벗어날 것인가. 사회상태는 어떻게 출현했는가?

내가 흥미를 느낀 것은 홉스의 답변이 아니라 '질문'입니다. 더 엄밀히 말하자면 질문에 전제된, 인간을 바라보는 그의 시선입니다. 그는 인간을 먼저 '늑대'로 봤습니다. 그러니 궁금했겠지요. 어떻게 늑대들이 모여 사람들이 되었는지 말입니다. 이런 궁금증은 '공동체' 안에서는 결코 제기되지 않을 겁니다. 다시 말해 홉스의 이 질문은 사회의 출현을 말해줍니다. 그의 궁금증이 공동체의 해체와 사회의 출현을 말해주고 있습니다. 사회 속에서는 서로가 서로를 독립된 타인으로 보기 때문에 그런 궁금증이 생길 수밖에 없는 것이죠.

당연한 말이지만 홉스는 자연상태에 살지 않았습니다. 태어날 때부터 그는 사회상태에 있었습니다. 그런데도 그가 자연상태의 인간, 다시 말해 늑대를 말했다면 사회상태에서도 그것을 어느 정도 볼 수 있었기 때문일 겁니다. 즉 그는 당시 인간들에게서 늑대의 일면을 본 겁니다. 언제든지 타인의 것을 가로챌 준비가 된 존재, 아니 그 이전에 서로에게 타인인 존재를 본 것이죠.

맥퍼슨(C. B. Macpherson)이 지적한 것처럼, 홉스의 자연상태는 현재적 인간이 법의 강제에서 벗어났을 때 취하게 될 행위에 가깝습니다. 법질서만 없다고 가정했을 뿐 사회상태에서 형성되는 욕망과 행위인 겁니다.[10] 이는 과거 공동체의 인간에 대한 진술도 아닐뿐더러 야생에 사는 실제 늑대의 모습도 아니죠. 자연상태에 대한 홉스의 말에는 시장의 냄새가 너무 많이 배어 있습니다. 그러고 보니 홉스는 상품가치를 규정하는 방식으로 인간의 가치를 설명하기도 했어요. "모든 인간의 가치(value) 내지 값어치(worth)는 다른 사물과 마찬가지

로 그것의 가격(price)"이라고요.[11]

스미스는 "모든 사람들이 어느 정도는 상인"[12]이라고 했습니다. 과연 상인은 인간의 본성일까요? 폴라니는 말했습니다. "이익이라는 동기는 상인에게 고유한 것이다. 이익이라는 동기를 보편적으로 만들겠다는 생각 따위는 우리 조상들의 머릿속에 결코 떠오른 적이 없다."[13] 전통적 공동체에서, 아니 조선시대만 해도 상인을 인간의 전형으로 사고하기란 쉽지 않았을 겁니다. 상업적 동기를 굳이 인간의 기본 동기라고 한다면 그 앞에 '역사적'이라는 말을 붙여야겠지요.

○ 힘과 권세를 그 짐승에게 주더라

마르크스는 스미스가 상정한 '자유롭게 교환하는 개인'에 대해 이렇게 말했습니다. "애덤 스미스가…… 역사에 선행하도록 한 것은 오히려 역사의 산물이다."[14] 교환하는 개인들은 역사의 출발점이 아니라 결과물이라는 겁니다. '개인'은 사회의 구성원으로서, 사회의 출현과 함께 '출현'했다고 할 수 있습니다. 마르크스의 말처럼 인간은 "사회 속에서만 자신을 개별화할 수 있는 동물"입니다.[15] 우리는 개인과 사회를 곧잘 대비해서 이해합니다만 개인과 사회는 '함께' 탄생했습니다.

상품들의 교환은 개인적인 것과 사회적인 것을 동시에 보여줍니다. 『자본』 제1장에서는 이 문제를 사용가치와 교환가치[가치]라는 측면에서 접근했는데요. 제2장에서는 인간관계에 방점을 찍습니다. 그래서 상품의 교환을 '개인적 과정'

과 '사회적 과정'으로 나누어 설명합니다.

상품교환을 사용가치의 측면에서 접근했을 때 제1장에서는 물건의 개별적 유용성이 부각되었습니다. 그런데 제2장에서는 상품소유자의 개별적 욕구가 부각됩니다. "상품소유자는 누구나 자신의 욕구를 충족시켜주는 사용가치를 지닌 다른 상품과 교환하게 될 때만 자기 상품을 넘겨주려고 한다. 이 관점에서 보면 교환은 그에게는 개인적 과정이다."[김, 112; 강 151]

상품교환을 교환가치[가치]의 측면에서 접근하면 어떨까요. 상품은 교환을 통하지 않고서는 가치를 실현할 수 없습니다. 한 상품의 가치는 그것과 교환되는 일정량의 다른 상품을 통해 표현되니까요. 그런데 상품소유자의 관점에서 이 문제를 보면, 일정한 가치를 지닌 다른 상품과 교환될 수 없다면 자신의 상품은 무가치한 상품이 됩니다. 다시 말해 상품일 수 없는 물건인 셈입니다. 그러므로 상품소유자는 "다른 상품소유자에게 사용가치를 가지든 그렇지 않든" 필사적으로 자신의 상품을 "동일한 가치의 다른 상품으로 실현하고자" 합니다. 상품에 대한 욕구의 문제가 아니라 상품의 가치에 대한 사회적 승인이 문제인 거죠. "이런 관점에서 보면 교환은 그에게는 일반적이고 사회적인 과정"입니다.[김, 112; 강, 151]

마르크스는 이렇게 덧붙입니다. "동일한 과정이 모든 상품소유자에게 오로지(nur) 개인적이기만 하거나 오로지 일반적이고 사회적이기만 할 수는 있다."[김, 112~113; 강, 151] 교환되는 상품이 사용가치와 교환가치를 갖듯 상품소유자에게 교환은 개인적인 일인 동시에 사회적인 일이라는 겁니다. 상품들만의 관계를 살펴본 제1장에서는 개별적인 것과 사회적인 것의 관계가 '개개의 상품'과 '평균적 표본'의 문제로 나타났는데,[김, 49; 강, 93] 상품소유자들을 중심에 둔 제2장에서는 이것이 '개인'과 '사회'의 문제로 나타났다고 하겠습니다.

제1장에서 살펴본 가치형태의 전개 과정을 잠시 떠올려 볼까요. 단순한 가치형태, 전개된 가치형태, 일반적 가치형태, 화폐형태로 이어지는 과정 말입니다. 제2장에서 마르크스는 이 과정을 상품소유자들의 관점에서 다시 쓰고 있습니다. 반복이죠. 독자들은 이를 눈치 채지 못할 수도 있습니다. 제1장처럼 도식적으로 정리해주지도 않았으며, 무엇보다 풍경이 바뀌었으니까요. 이런 반복은 마르크스의 독특한 서술방법인데요. 동일한 내용을 반복하면서도 새로워 보이게 합니다. 제1장에서 화폐형태가 출현할 때는 그것이 상품교환에 내재된 논리의 산물처럼 보였는데, 제2장에서는 이것이 상품소유자들의 행위의 산물이며, 무엇보다 상품교역의 역사와 관련됨을 알 수 있습니다.

앞서 상품교환이 개인적인 일이자 사회적인 일이라는 것을 확인했는데, 이는 상품교환의 단순한 형태에 해당합니다. 마르크스는 교환의 단순한 형태에서 개인적인 것과 사회적인 것의 존재를 함께 읽어낸 겁니다. 제1장에서는 사용가치가 다른 두 상품의 교환에 이미 화폐가 존재함을 읽어냈었죠. 마찬가지로 제2장에서 마르크스는 두 상품소유자들의 만남에서 개인적 욕구와 함께 사회적 욕구를 읽어내고 있습니다. 제1장에서 우리는 가치형태의 논리적 전개 과정에서 교환의 일반적 등가물(화폐)이 출현하는 것을 보았지요. 마찬가지로 제2장에서 우리는 개별 상품에 대한 욕구와는 다른 차원에서 일반적이고 사회적인 상품인 화폐에 대한 욕구가 나타나는 것을 보게 될 겁니다.

이제 교환의 일반적 등가물로서 화폐가 출현하는 과정을 상품소유자들의 관계를 통해 살펴봅시다. 다시 기억을 더듬어볼까요. 제1장에서는 두 상품이 교환되는 '단순한 가치형태'에서 여러 상품이 교환되는 '전개된 가치형태'로 이어졌습니다. 마찬가지로 제2장에서는 상품소유자들이 '두 사람'에서 '여럿'으로 확대됩니다. 전개된 가치형태에서 한 상품이 여러 상품들을 통해 자신을 표현하는 것처럼, 상품소유자는 자신의 상품을 다른 여러 상품들의 가치로 재봅니다. 이런 사정은 모든 소유자들에게 해당하죠. 모두가 다른 상품들을 자기 상품에 대한 특수한 등가물로 바라보는 겁니다. 마치 자신의 상품이야말로 다른 모든 상품들에 대한 일반적 등가물인 것처럼 행동합니다.[김, 113; 강, 151] 이렇게 되면 그 어떤 상품도 일반적 등가물이 될 수 없습니다. 저마다의 욕구만 드러날 뿐이지요.

이 난처한 상황에서 어떤 돌파구가 마련될 수 있을까요? 제1장에서 펼쳤던 논리적 전개에 따르면, '다자'(多者) 즉 '여렷'의 잡다함은 '일자'(一者) 즉 '하나'의 통일성으로 전환됩니다(전개된 가치형태가 일반적 가치형태로 바뀌는 걸 우리는 제1장에서 이미 봤지요). 하지만 이것은 논리적 전개일 뿐이고 상품소유자들 각각이 이런 걸 생각해낼 수는 없습니다. 다시 말해 일반적 등가물의 출현은 개인이 '생각해서' 찾아낼 수 있는 출구가 아닙니다.

그런데 마르크스가 여기서 재밌는 말을 합니다. "곤경 속에서 우리의 상품소유자들은 파우스트처럼 생각한다. '태초에 행동이 있었다.' 그래서 그들은 생각하기에 앞서 행동을 해버렸다."[김, 113; 강, 152] 이 말은 두 가지 사실을 함축합니다. 하나는 일반적 등가물의 출현이 생각의 산물은 아니라는 것이고, 다른 하나는 개인적 산물도 아니라는 것이죠. 요컨대 일반적 등가물은 개인들이 사유를 통해 고안해낼 수 있는 게 아니라는 이야기입니다. 개인이 언어를 만들 수 없듯 화폐(일반적 등가물)도 개인이 혹은 한두 사람이 '합의'한다고 해서 곧바로 널리 통용될 수 있는 게 아니죠(마르크스는 개인이 의식적으로 통제할 수 없는 것에 '사회적'이라는 말을 붙입니다). 이런 점에서 일반적 등가물의 출현은 '사회적 행동'의 결과물입니다. 마르크스는 이에 대해 '사회적 행동'(gesellschaftliche Aktion) 이라는 말을 썼습니다.[김, 113; 강, 152]

이와 관련해 마르크스가 인용한 성경 구절이 눈길을 끕니다. 시리즈 2권에서도 잠깐 언급했던 그 구절이죠. "그들은 모두 한마음이 되어 자기들의 힘과 권세를 그 짐승[테리온,

therion]에게 주더라. 누구든지 이 표를 가진 자 외에는 매매를 못하게 하니 이 표는 곧 짐승의 이름이나 그 이름의 수라." 앞 문장은 「요한계시록」 17장에서 따온 것이고 뒤에 오는 문장은 13장에서 따온 것입니다. 특정한 상품이 일반적 등가물로 등장하는 것에 대한 묘사인데, 마치 개별 상품들이 등가물의 지위를 포기하고 그 권한을 특정 상품에 양도하는 것처럼 쓰고 있습니다.

그리고 이 구절은 홉스의 『리바이어던』을 연상시킵니다. 홉스가 자연상태에서 사회상태 내지 국가상태로의 이행을 설명하는 핵심 논리인 '권리 양도'가 들어 있지요. 홉스는 국가의 출현을 설명하려 「욥기」에서 '리바이어던'을 인용했고, 마르크스는 화폐의 출현을 설명하려 「요한계시록」에서 '테리온'을 인용했지만 두 짐승이 등장하는 원리는 같습니다. 경제적 가치의 통일성과 정치적 권력(주권)의 통일성이 사실상 동일한 논리로 설명되고 있는 겁니다(나는 마르크스가 분명 홉스를 떠올렸을 거라고 생각합니다).

군주가 상징하는 주권의 통일성 안에서 개인들이 저마다 시민권자로서 개별화되는 것처럼, 화폐가 상징하는 가치의 통일성 안에서 각각의 상품은 저마다 지닌 가치로 개별화될 수 있습니다. 마르크스는 사회 속에서만 인간은 개별화될 수 있다고 했는데요. 똑같은 말을 우리는 화폐와 상품 사이에서도 할 수 있는 겁니다.

○ 화폐는 철저한 평등주의자

『자본』제1장을 다룬 우리 시리즈 2권에서도 나는 군주의 탄생(근대적 주권의 탄생)과 화폐의 탄생을 연관지어 이야기한 바 있습니다. 하지만 제2장에서 이 이야기는 논리적 전개를 통해 나온 게 아닙니다. 마르크스는 이것을 논리의 전개가 아니라 교역의 역사적 확대와 관련시키고 있습니다.[김, 114; 강, 152]

논리적 전개와 역사적 전개는 같지 않습니다. 사실 시리즈 2권에서 살펴본 것, 즉 『자본』제1장에서 펼쳐지는 가치형태의 논리적 전개는 이미 자본주의사회를 전제한 상태에서 나온 이야기입니다. 노동생산물이 상품으로 전환되면 특정 상품이 화폐로 전환되는 것은 필연적이죠. 가치형태의 논리적 전개는 바로 이 점을 보여줄 따름입니다.

하지만 역사적 전개 또는 역사적 출현은 다릅니다. 화폐의 역사적 출현은 상품교역이 실제로 얼마나 확대되고 심화되느냐로 결정됩니다. 그런데 실제 역사를 보면 상품교역이라는 게 말처럼 쉽지 않습니다. 전통적 공동체에서는 『자본』제1장에서 펼쳐졌던 것과 같은 가치형태의 논리적 전개가 일어날 수 없습니다. 상품거래 자체가 허용되지 않기 때문입니다. 마르크스의 『자본』은 헤겔의 『논리학』과 다릅니다. 역사적 조건이 마련되어 있지 않으면 논리가 작동할 수 없습니다. 노동생산물이 상품으로서 유통되고 상품교역이 확대되면 일반적 등가물로서 화폐의 출현이 자연스럽습니다만, 노동생산물이 상품으로 전환되는 그 일은 역사적으로 볼 때 결코 자연스레 일어나지 않습니다. 그리고 이러한 통찰은 상품의 관계가 아니라 인간관계를 분석함으로써만 얻을 수 있습니다.

상품과 화폐의 유통은 특정한 인간관계를 전제합니다. 그런데 그것은 공동체적 인간관계와는 맞지 않습니다. 마르크스의 말처럼, "그 공동체가 가부장적 가족이거나, 고대의 인도 공동체이거나, 페루의 잉카국이거나 상관없"습니다.[김, 115; 강, 153] 등가교환 되는 상품이나 일반적 등가물로서 화폐는 공동체에 고유한 규칙들을 무시합니다. 귀족이 가져왔든 노예가 가져왔든 남성이 가져왔든 여성이 가져왔든 그저 x량의 상품 A는 y량의 상품 B와만 교환됩니다. 상품은 "타고난 평등주의자이자 냉소주의자"[김, 111; 강, 150]이며, "화폐는 철저한 평등주의자"입니다.[김, 171; 강, 205]

전통적 공동체들이 상품과 화폐의 유통에 경계심을 보인 것은 당연합니다. 상품교환이 확대되면 거기에 부합하는 인간관계가 퍼져나가겠지요. 고대의 국가나 공동체에서 교역항을 외곽의 특정 지역에 한정하고 귀금속 채굴량을 엄격히 규제한 것은 상품과 화폐의 흐름에 대한 그들의 경계심을 잘 보여줍니다.

이와 관련해, 인류학자 메리 더글러스(M. Douglas)가 보고한 사례는 아주 흥미롭습니다.[16] 그는 1949년부터 1953년까지 콩고의 렐레족(Lele)을 연구했습니다. 렐레족 사람들은 옷감을 만드는 데 쓰는 라피아(raffia)와 염료나무 캠우드(camwood)를 화폐로 사용했는데, 결혼지참금이나 상벌금, 종교적 헌금 등의 용도로 썼습니다. 그러나 라피아나 캠우드를 상업적 용도로는 쓸 수 없었습니다. 생활에 필요한 물건들을 구입하는 데 쓰는 화폐는 아니었다는 말입니다(오늘날 우리는 똑같은 돈으로 벌금도 내고 물건도 사기 때문에 전통 공동체에서 둘을 철저히 구분했다는 말이 꽤 이상하게 들릴 수 있겠습니다. 하지만 모든 것에 무차별적으로 관여하는 '우리 시대의 화폐'가 어쩌면 더 이상한 것일 수 있지요). 그렇다면 이들은 생필품을 어떻게 구했을까요? 이런 물건들은 마을에서 공동으로 생산했고, 지위에 따라 분배되었습니다. 분배 몫의 크기는 그가 누구냐에 달렸지, 그에게 돈이 얼마나 있느냐와는 아무 상관이 없었습니다.

렐레족 사람들이 라피아를 재화교환에 사용한 경우가 있기는 했습니다. 다른 종족과 교역할 때죠. 렐레족은 라피아를 주고 딩가족(Dinga)에게서 물고기와 그릇을 얻었습니다. 아주 드문 일이지만 더글러스는 공동체 내에서도 라피아로 물건을 구매하는 걸 보기는 했답니다. 그런데 이는 특별한 기술을 가진 장인의 물건에 한정되었습니다. 그것도 둘 사이에 아무런 혈연관계(kinship)도 없는 경우였습니다. 서로 남일 때만, 특별한 물품에 한해서만 아주 드물게 허용된 겁니다.

렐레족을 사례로 들었습니다만 이는 특별한 예가 아닙니다. 이런 예는 얼마든지 찾아볼 수 있습니다. 이를테면 성경에서도 볼 수 있죠. 서구의 역사에서 '유대인'은 고리대업자 내지 금융업자로 이름이 높았는데요. 구약성경을 보면 유대인 종족 내에서는 고리대업이 엄격히 금지되어 있음을 확인할 수 있습니다. '고리대'라는 말 때문에 오해가 있을 수도 있겠는데 '높은 이자'만이 아니라 '이자' 자체가 금지되었어요.

신이 유대인들에게 명령합니다. "너희는 동족에게 이자를 받고 꾸어주어서는 안 된다. 돈에 대한 이자든 곡식에 대한 이자든, 그 밖에 이자가 나올 수 있는 것은 모두 마찬가지다. 이방인에게는 이자를 받고 꾸어주어도 되지만, 너희 동족에게는 이자를 받고 꾸어주어서는 안 된다"(「신명기」 23:20~21). 「신명기」만이 아닙니다. 우리는 꽤 여러 곳에서 이런 명령이 내려지는 걸 볼 수 있습니다. 이 점에서 성경은 매우 일관됩니다. 그래서 중세 역사학자 자크 르 고프(J. Le Goff)는 "고리대 금업에 관한 한 성경은 그것을 비난하는 데 있어 조금도 모순이나 틈을 보이지 않았던 듯싶다"라고 했습니다.[17] 일반적으로 돈거래를 탐탁하게 생각하지 않았을 뿐만 아니라 동족끼리의 돈거래는 특히 금기시했던 것이지요.

여담입니다만, 공동체가 화폐나 상품거래를 얼마나 경계하는지를 보여주는 교환도 있습니다. 폴라니에 따르면 원시 공동체에서는 똑같은 물건을 맞바꾸기도 합니다.[18] 지금껏 우리는 '서로 다른 두 상품의 교환'을 가지고 이야기를 진행해왔습니다. 동일한 상품을 교환하는 것은 매우 불합리한 행동이니까요. 사용가치 측면에서 볼 때 상품의 교환이란 각자에게 필요가 없는 물건을 내놓고 필요한 물건을 가져오는 일입니다. 동일한 물건을 교환했다면 '필요 없는 물건=필요한 물건'이라는 엉터리 등식이 성립하게 되죠. 물론 교환가치 측면에서 보면 등가교환을 했으니 손해를 입지는 않았습니다. 그러나 쓸데없는 짓을 한 것은 맞습니다. 상인의 시각에서 보자면 아무런 이익도 남지 않는 일을 하려고 시장에 나간 셈이니까요.

그런데 이게 정말 쓸데없는 짓일까요? 공동체적 인간관계에서 보자면 그렇지 않습니다. 실제로 나는 딸아이가 동일한 문구용품을 친구와 서로 교환하는 것을 본 적이 있습니다. 디자인이 조금 다르기는 하지만 거의 똑같은 지우개를 맞바꾸는 겁니다. 사용가치에도 교환가치에도 변화가 없습니다만, 이런 교환을 통해 둘의 우정은 커집니다. 경제학자의 눈에는 무익한 행동일지 몰라도 아이들은 그것이 매우 유익하다는 걸 압니다.

폴라니가 원시공동체들에서 이뤄지는 '동일한 물건의 교환'에 대해 말한 것도 다르지 않습니다. 그에 따르면 "경제적 실익이 전혀 없는 이런 교환이 일어나는 이유는 유대를 강화시킴으로써 관계를 더 밀접히 하기 위해서"입니다. 이런 교환은 상품교환을 발전시키기는커녕 "공리주의적 사고가 침투해 들어오는 것을 막는 파수꾼" 역할까지 하죠.[19] 가치를 냉철히 따지고 물건을 저울대에 올려놓아야만 마음이 놓이는 그런 관계가 되지 않게 하는 겁니다.

○ 공동체가 끝나는 곳, 공동체들의 경계에서

상품교환이 일반화되고 화폐가 일반적 등가물로 기능하는 곳에서는 공동체가 해체될 수밖에 없습니다. 마르크스는 『정치 경제학 비판 요강』에서 이를 아주 간명하게 표현했습니다. "화폐 자신이 코뮌(Kommune)이 아닌 곳에서 화폐는 코뮌을 해체해야 한다."[20] 화폐는 공동체적 인간관계, 즉 코뮌을 해체하고 자신이 하나의 유대, 하나의 관계, 말하자면 하나의 코뮌으로서 등장했습니다. 어쩌면 근대사회란 공동체를 해체하면서 생겨난 '화폐공동체'라고 해야 할지도 모르겠습니다.

그러므로 화폐는 공동체적 관계의 발전을 통해서는 생겨날 수 없습니다. 공동체적 관계의 발전이 아니라 해체를 통해 만들어집니다. 화폐가 전제하는 인간관계는 공동체 내부가 아니라 외부에서 온 것입니다. 공동체들의 바깥 말입니다. 고대 도시에서도 화폐와 관련된 일은 이방인이나 해방노예가 맡는 경우가 많았습니다. 심지어 근대 초기에도 대은행가는 이방인인 경우가 많았습니다. 게오르크 지멜(G. Simmel)이 "대금융회사에 대한 일반인들의 증오는 주로 그 소유자와 대리인들이 으레 외국인이라는 사실 때문"이었다고 했을 정도입니다(지멜은 화폐가 공동체에서 배제되거나 주변화된 사람들의 배타적 관심 대상이 되는 경향이 있다고 했지요).[21]

그런데 여기서 의문이 듭니다. '공동체들의 바깥'이라는 게 있을까요? 한 공동체의 바깥은 다른 공동체 아닌가요? 도대체 공동체들의 바깥은 어디를 말하는 걸까요? 여기서 마르크스의 천재성이 빛을 발합니다. 그는 우리가 좀처럼 생각해 내지 못하는 장소를 제시합니다. 모든 공동체들의 바깥, 그곳은 바로 공동체와 공동체 사이, 즉 공동체들의 국경, 공동체들의 경계입니다. "공동체가 끝나는 곳, 하나의 공동체가 다른 공동체 또는 다른 공동체의 성원들과 접촉하게 되는 그 지점에서 비로소 상품교환이 시작된다."[김, 115; 강, 153] 『정치경제학 비판을 위하여』에서는 이렇게 썼습니다. "사실 상품들의 교환과정은 본래 자연발생적 공동체들의 품에서가 아니라, 그것들이 멈추는 곳, 그것들의 경계들, 즉 그것들이 다른 공동체들과 만나는 소수의 지점들에서 나타난다."[22]

우리는 국경이나 경계를 하나의 장소로 사고하기가 쉽지 않습니다. 지도적 상상력 때문입니다. 지도를 보면 한 국가의 영토 바깥은 다른 국가의 영토입니다. 국경은 면적이 없는 선분으로 표시되어 있습니다. 그렇기 때문에 우리는 국경을 시간적 지속과 공간적 면적을 가진 곳으로 생각하지 못합니다. 국경에서 산다는 말이 불가능하지요.

그런데 영토란 물리적인 것이 아니라 법적인 것입니다. 주권의 문제죠. 국경은 주권의 효력, 법의 힘이 미치는 한계지대입니다. 그래서 해당 국가의 주권이 미치지 못하는 곳은 물리적 경계 안에 있어도 영토 바깥에 있는 것과 같습니다. 소위 치외법권(extraterritorial) 지대가 존재하는 겁니다. 외국 대사관 같은 곳 말입니다. 그나마 외국 대사관은 본국의 법령을 따릅니다. 하지만 난민 혹은 미등록 외국인은 상황이 다릅니다. 이들은 법적 보호도 통제도 받지 않습니다. 사실상 법 바깥에 있습니다. 말하자면 영토 바깥에 있습니다.

예전에 어느 책에서 중국 등 제3국을 거쳐 남한으로 오는 북한 이탈 주민들이 그곳에서 평균 3~4년을 머문다는 이야기를 읽었습니다.[23] 이 기간 동안 그들은 물리적으로는 중국 안에 있지만 법적 보호나 관리를 받지 않는 존재들, 법 바깥의 존재들로 사는 겁니다. 이들에게는 중국이라는 나라 전체가 국경과 다름없습니다(사실 남한으로 넘어와서도 국경의 삶이 이어지는 경우가 많지요).

　　이처럼 모든 영토들은 누군가에게는 국경이 될 수 있습니다. 누군가는 평생에 걸쳐 나라 곳곳을 돌아다니면서도 국경의 삶을 살 수 있는 겁니다. 국가, 영토, 국민의 진정한 타자는 다른 국가, 다른 영토, 다른 국민이 아니라 국경이고 난민입니다. 국가가 무엇인지 고민한다면 국경이 무엇인지도 고민할 필요가 있습니다.

　　이야기가 옆길로 빠져나가는 것 같으니 다시 앞서의 논의로 돌아가겠습니다. 우리가 읽고 있는 책은 『국가』가 아니라 『자본』이니까요. 다만 국가의 탄생, 자본(상품·화폐)의 탄생과 관련해 국경과 경계를 주목해야 한다는 점, 마르크스가 부각한 장소에 주목해야 한다는 점만은 강조해두겠습니다.

　　마르크스는 상품과 화폐 거래의 발생지로 공동체와 공동체의 경계를 지목했습니다. 공동체와 공동체의 경계는 각 공동체의 규칙이 적용될 수 없는 곳입니다. 규칙을 공유하지 않는 조건에서 어떤 관계를 형성하는 곳이지요. 처음에는 공동체들 사이의 어떤 징소로 나가 물건들을 바꾸었을 겁니다. 렐레족은 옷감을 들고 가고 딩가족은 물고기를 들고 갔겠지요. 그런데 교역으로 생계를 이어가는 종족, 아예 중간지대에 살면서 교역을 담당한 종족도 있었습니다. 마르크스에 따르면 "페니키아인, 카르타고인 등이 그러했"습니다. "이들은……고대 세계의 중간지대에서만 살 수 있었다. 오히려 이 세계 자체가 그런 상업 민족들의 전제였다."[24]

이들이 중간지대에 살았다는 것은 고유한 영토를 갖지도 않았고 특정한 영토에 속하지도 않았다는 뜻입니다. 중세 유럽에서 대외교역에 종사했던 상인집단들도 그랬습니다. 한자 상인들(Hanseatic League)이 대표적 예입니다. 14~15세기 북유럽에서 활발히 활동했던 한자 상인들은 오늘날의 영토 기준으로 보면 발트해와 북해 등의 연안도시를 오갔지만 어느 나라에도 속하지 않았습니다. 이들은 독자적 생활양식이 있었고 별도의 언어를 썼습니다.[25] 공동체 속 이방인처럼 살아야했던 유대인들도 마찬가지입니다. 마르크스는 중세 유대인들을 고대 상업 민족들에 견주었는데요.[26] 유대인들이 고리대업에 많이 종사했던 이유를 나라 안에서 비시민적 삶, 앞서 내가 쓴 표현을 다시 쓰자면, 국경의 삶을 사는 사람들이었기 때문입니다.

화폐는 이처럼 탈영토적 존재들과 관련이 있습니다. 마르크스가 유목민족을 주목한 것도 이 때문입니다. "유목민족은 화폐형태를 가장 먼저 발전시켰다. 왜냐하면 그들의 재산 전체가 이동할 수 있는, 따라서 직접 양도 가능한 형태로 존재했기 때문이며, 또 그들의 생활방식이 그들을 끊임없이 다른 공동체와 접촉하도록 함으로써 생산물의 교환을 자극했기 때문이다."[김, 116; 강, 155]

이런 이유로 토지를 기반으로 한 화폐는 역사적으로 매우 늦게 나타났습니다. 은행이 비축한 금에 기초해 화폐를 발행할 수 있는 것처럼 확보한 토지에 기초해 화폐를 발행하는 것도 원리상 가능합니다(화폐 지급 보증의 담보물을 금으로 하느냐 땅으로 하느냐의 차이밖에 없죠). 마르크스에 따르면 이런 화폐가 나타난 것은 "상당히 발전된 부르주아사회"였고, 이것이 전국적 규모로 나타난 것은 "프랑스의 부르주아혁명이 이루어지고 나서"입니다.[김, 116; 강, 155] 프랑스혁명 때 지주와 교회로부터 몰수한 토지를 담보로 혁명정부가 발행한 화폐인 '아시냐'(Assignat)를 염두에 두고 한 말인데요. 토지를 기반으로 화폐가 발행된 건 상품과 화폐의 거래가 상당히 일반화된 뒤라는 것이지요[사실 토지를 담보로 한 화폐 발행이 가능하다는 발상 자체는 더 일찍 나왔습니다. 프랑스왕립은행 설립자 존 로(J. Law, 이 인물과 그의 은행에 관해서는 뒤에서 다시 다룹니다)가 1705년 저서에서 이미 금속 대신 토지를 담보물로 삼아 지폐를 발행하는 안을 내놓은 바 있거든요].[27]

° 상품보다 먼저 날아온 대포알

상품들의 관계에서 상품소유자들의 관계로 전환하면서 우리는 스미스가 자연스럽게 떠올렸던 그 교환 성향이라는 것이 얼마나 자연스럽지 않은지를 확인할 수 있었습니다. 교환 성향이 전제하는 인간관계가 형성되기란 쉽지 않습니다. 마르크스의 말처럼 "자연 자체는 환율이나 은행가를 낳지 않듯이 화폐도 낳지 않"았습니다.[28]

마르크스는 『자본』 제1장에 이어 제2장에서도 프루동(P. J. Proudhon)을 비난하는 주석들을 달았는데요. 그에 따르면 프루동은 상품교환에서 '영원한 정의'를 실현하려는 사람이자, '영원한 정의'라는 이상 속에서 현실의 상품생산을 개조하려는 사람입니다.[김, 111, 각주 2; 강, 150, 각주 38] 프루동에게는 역사가 없습니다. 상품과 화폐를 낳은 사회적 조건의 역사적 탄생에 대한 고려가 없어요. 그렇기 때문에 사회적 조건을 전혀 건드리지 않은 채로 '화폐'를 없앨 수 있다는 망상에 쉽게 빠져들었던 거죠. "가톨릭교를 존속시키면서 교황은 폐지할 수 있다"라는 환상을 갖는 거죠.[김, 114, 각주 4; 강, 153, 각주 40] 하지만 지금까지 여러 번 강조했듯 상품교환이 일반화되면 화폐의 출현은 필연적입니다. 상품교환을 유지한 채 화폐를 없앨 수는 없습니다. 문제는 상품에서 화폐가 출현한다는 그것이 아닙니다. 어떻게 공동체 바깥에 머물던 '상품교환'이 공동체 내에서 일반화될 수 있었느냐가 중요합니다.

마르크스는 일단 물건들이 공동체 외부에서 상품들로서 교환되기 시작하면 그 물건들은 내부에서도 상품이 되기 시작한다고 말합니다. "일단 어떤 물적 존재가 공동체 외부와의 접촉을 통해 상품이 되면, 그 즉시 그것들은 반작용을 일으키며(rückschlagend) 공동체 내부의 생활에서도 상품이 된다."[김, 115; 강, 153] 물론 단번에 그런 일이 일어날 수는 없습니다. "규칙적인 사회적 과정"이 될 때까지 "교환이 끊임없이 반복"되어야 합니다. 그래서 공동체의 노동생산물 일부가 "의도적으로 교환을 목적으로 생산되어야만" 합니다. 생산 자체가 교환을 목적으로 이루어지기 시작하면 생산물의 '직접적 필요'를 위한 유용성과 '교환'을 위한 유용성이 나뉘고, 사용가치와는 별개로 교환가치 문제가 대두합니다. 이때부터 노동생산물은 상품으로 전환됩니다.

그러나 이 과정마저 자연스럽지는 않았을 겁니다. 공동체가 내부에서 상품거래를 허용하는 게 쉽지 않았을 테니까요. 물품거래는 엄격히 규제되었을 겁니다. 거래는 공동체 바깥에서, 특정 시점에 특정 물품에 한해서만, 그리고 특정한 구성원들에게만 허용되었을 겁니다. 공동체의 질서가 유지되는 한에서는, 외부에선 물품거래가 이루어지더라도 내부에서는 쉽게 허용하지 않았을 겁니다.

앞서 언급한 렐레족의 경우에도 그랬습니다. 렐레족 사람들이 상품거래를 본격적으로 경험한 것은 벨기에가 이곳을 식민화한 이후입니다.[29] 식민지 당국은 화폐를 통한 상품거래를 촉진했지요. 콩고프랑화(Congo francs)를 공식 화폐로 지정하고 이것으로 세금과 벌금을 납부하게 했습니다. 라피아와 프랑의 공식 환율도 공포하고 라피아를 상업적 화폐로 이용할 수 있게 했습니다. 그러나 렐레족은 꽤 오랫동안 상품경제로 이행하지 않았습니다. 공동체 내부의 질서가 계속 작동했기 때문입니다. 물론 이 질서는 결국 무너집니다. 식민지 당국이 라피아를 매개로 한 공동체의 주요 관습들에 개입했기 때문입니다. 식민주의라는 조건에서 자본주의가 비로소 들어온 겁니다.

이처럼 공동체가 상품사회로 발전해나가기란 어렵습니다. 공동체의 몰락이 상품과 화폐의 유통을 가능케 했다고 하는 편이 옳을 겁니다. 공동체가 해체되고 재구성되어야 화폐가 생겨납니다. "화폐 자신이 코뮨이 아닌 곳에서 화폐는 코뮨을 해체한다"라는 말을 책에서 읽는 것과 현실에서 체험하는 것은 다릅니다. 전통적 공동체에서 볼 때 이것은 실로 무서운 말입니다. 공동체가 사회로 전환되는 것은 공동체의 신체를 이루는 뼈와 근육이 분리되었다가 재조립되는 일입니다. 상품을 받아들인다는 것은 단순히 사물 하나가 들어오는 것이 아닙니다. 하나의 인간관계, 하나의 세계가 들어오는 것이지요. 그러므로 상품이 날아오는 것은 공동체의 존망을 가르는 대포알이 날아오는 것과 같습니다.

이는 마르크스가 『공산주의자선언』에서 쓴 비유이기도 합니다. "부르주아지의 상품의 싼 가격은, 부르주아지가 모든 만리장성을 쏘아 무너뜨리고, 외국인에 대한 야만인들의 완고하기 그지없는 증오심을 굴복시키는 대포이다. 부르주아지는 모든 민족들에게 망하고 싶지 않거든 부르주아지의 생산양식을 채용하라고 강요한다; 그들은 소위 문명을 도입하라고, 즉 부르주아지가 되라고 강요한다. 한마디로 부르주아지는 자신의 모습대로 세계를 창조하고 있는 것이다."[30]

　이 인용문에서 마르크스는 상품을 대포알에 비유합니다. 그러나 대포알 같은 상품이 날아오기 이전에 실제로 대포알이 날아왔다는 것도 잊으면 안 됩니다. 많은 공동체들이 상품을 받기 전에 함포사격부터 받았습니다. 그리고 이 함포사격은 우리 근대화의 역사가 보여주듯 비유가 아니라 실제였습니다. 『자본』제1장에서 상품들만 논리적으로 분석하고 전개했을 때는 이것이 드러나지 않았습니다. 거기에는 화약냄새도 없었고 비명소리도 없었습니다. 제2장에서도 그 점이 직접 드러나지는 않습니다. 마르크스가 화폐의 역사적 발생에 개입한 '폭력'을 직접 언급하지는 않으니까요. 하지만 우리는 여기서 최소한 그것을 예감할 수 있습니다. 그의 말처럼 자연은 화폐를 낳지 않았으니까요. 그의 말처럼 화폐는 자신이 코뮌이 아닌 곳에서 그 코뮌을 가만둘 수 없으니까요.

　　　　　◦ 화폐의 마법이 은폐하는 것들

우리는 상품과 화폐의 유통이 너무나 자연스럽게 여겨지는 사회 속에 살고 있습니다. 우리로서는 본래 인간에게는 교환성향이 있으며 인간은 어느 정도 상인이라는 말이 어색하게 들리지 않습니다. 인간관계가 변한 겁니다. '공동체적' 관계에서 '사회적' 관계로 이행했다고 할 수도 있겠지요.

　그린데 싱품과 화폐가 공동체와 공동체 사이에서 연원했

다면 그것이 전제하는 인간관계도 마찬가지일 겁니다. '사회적' 관계란 공동체와 공동체 사이에 존재하던 관계라고 할 수 있지요. 공동체들 사이에서나 존재하던 인간관계가 공동체 안에서도 일반적 관계가 된 겁니다. 이는 구성원들 각자가 독립된 공동체처럼 존재한다는 뜻입니다. 그리고 서로가 서로를 마치 다른 부족 대하듯 하는 것이지요. 이것이 '사회적'이라는 말의 의미입니다.

마르크스에게 '사회적'이라는 말은 "한 무리의 공통 규칙들을 공유하지 않는 공동체들 사이의 교환이 지니는 고유한 특징"을 가리킵니다.[31] 시장에서 한 상품소유자가 다른 상품소유자를 만난다는 것은 이런 겁니다. 각자는 저마다의 사정과 저마다의 규칙에 따라 물건을 만들어 왔을 거예요. 하지만 그것은 각자의 사정이지 상대방에게 이해를 구할 수 있는 게 아닙니다. 우리 집 암탉이 달걀을 많이 낳지 않아 우리 집에서는 귀한 달걀이라 해도 그것을 다른 상품소유자에게 인정하라고 요구할 수는 없습니다.

개인들은 서로의 사정을 알지 못한 채 행동할 수밖에 없습니다. '사회적'으로 결정된다는 것은 공통의 규칙, 미리 정해진 체계가 없는 상태에서 결정이 이루어진다는 뜻입니다. 『자본』제1장에서 마르크스는 상품의 가치가 '사회적'으로 결정된다고 말했습니다. 생산자 개인은 생산물에 들인 자신의 땀방울은 잘 알고 있지만 생산물의 가치는 알 수 없습니다. 그것은 내가 어찌할 수 없는 존재, 나와 무관한 존재인 타인과 관련이 있습니다. 게다가 그 타인은 한 명이 아닙니다. 저마다의 사정이 어떤지, 그래서 평균이 어떻게 나올지는 아무도 모릅니다. 다시 말하지만 개인들은 알지 못한 채로 행할 뿐입니다. 이것이 '사회적 행동'입니다. 앞서 마르크스는 어떤 상품이 일반적 등가물로 등장하는 것은 '사회적 행동'에 따른 것이라고 했습니다. '사회적 행동'은 '개인적 생각'과 대비된 말이었습니다. 개인으로서는 알 수도 없고 제어할 수도 없다는 뜻입니다. 이런 사회적 행동을 통해 한 상품이 일반적 등가물, 다시 말해 화폐로 등장합니다.

우리가 이 시리즈의 2권에서 상세히 본 것처럼, 상품들의 교환이 전제되면 어떤 상품이 일반적 등가물로 출현하든 그건 대단한 일이 아닙니다. 금이 앉은 자리는 아마포도 앉을 수 있는 자리였어요. '가치'란 상품들 사이의 관계로만 표현됩니다. $xA = yB$처럼요. 가치가 직접 나타날 수 없으며, 한 상품의 가치는 그것과 교환되는 다른 상품을 통해서만 표현된다는 것. 이것이 가치형태론의 핵심이었지요. 이는 일반적 등가물이 된 상품 곧 '화폐상품'에 대해서도 변함없는 사실입니다. 화폐는 '가치' 자체가 아니고 가치가 표현된 형태[가치의 현상형태], 즉 가치형태일 뿐입니다. 다른 상품들과의 '관계'가 그 상품에 비친 것에 불과합니다.[김, 117; 강, 156]

그런데 가치 자체와 가치형태를 혼동하면 금의 휘황찬란한 빛깔에 눈을 빼앗깁니다. 금도 하나의 가치를 가진 상품이며 그런 한에서 다른 상품들과 교환될 수 있고 또 다른 상품들의 가치를 표현할 수 있음을 잊는 것이지요.[김, 118; 강 156] 물론 이 교환비율이 상대적이라는 것도요. 각 상품을 생산하는 데 사회적으로 필요한 노동의 양이 변동하는 것처럼 금은도 상품인 한 그런 변동을 겪습니다. 게다가 한 상품의 가치를 금으로 표현한다는 것은 둘의 상대적 교환비율을 나타내는 것이니 그 금은 절대적 가치형태가 될 수도 없지요.

화폐형태로서 금은 다른 상품들과의 사회적 관계를 표현하는 것일 뿐임을 잊으면 안 됩니다. 그런데 금이 일단 일반적 등가물로 자리를 잡으면 금이 독립적으로 존재하는 것처럼 보입니다. '잘못된 외관'이 만들어지죠. "다른 모든 상품들이 자신들의 가치를 특정한 상품으로 표현하기 때문에 그 특정한 상품이 화폐가 되는 것이 아니라, 반대로 한 상품이 화폐이기 때문에 다른 상품들이 일반적으로 자기들의 가치를 그 상품으로 표현하는 것처럼" 나타나는 것이죠.[김, 121; 강, 159]

이것이 우리가 시리즈 2권에서 마지막으로 길게 다룬 '물신주의'입니다. 마르크스는 물신주의에 대해, 관계가 사물의 성격으로 나타나고, 인간들 사이의 사회적 관계가 사물들 사이의 관계인 것처럼 나타나는 것이라고 했지요. 마치 한 인간이 왕이 되는 순간 그가 본래부터 특별한 자질을 가진 특별한 인간으로 보이는 것처럼, "금 또는 은은 대지로부터 나오자마자 모든 인간노동의 직접적 화신"이 됩니다. 마르크스는 "여기에 화폐의 마법(Magie)이 있다"라고 했습니다.[김, 121; 강, 159]

화폐가 등장하면 흔적들이 지워집니다. 관계가 보이지 않습니다. 무엇보다 상품들 사이의 관계를 떠받치는 인간들 사이의 사회적 관계가 보이지 않게 됩니다. 화폐의 눈부심 때문에 다른 것이 보이지 않습니다.『자본』제1장에서 마르크스는 화폐물신과 상품물신이 '관계'를 은폐한다고, 무엇보다 인간들 사이의 '사회적 관계'를 은폐한다고 했는데요. 제2장을 살피면서 우리는 거기에 하나를 더 추가해야 할 것 같습니다. 화폐물신과 상품물신은 '역사'를 은폐합니다. 상품과 화폐의 유통이 전제하는 인간관계의 발생 과정에서 자행된 폭력을 은폐하지요. 피와 불의 문자로 기록된 연대기 말입니다.

3

'화폐'를 기능별로 살핀다는 것

화폐의 '기능적 현존'은
'물질적 현존'과 대비됩니다.
'물질적 현존'은 화폐를 소재 측면에서 봅니다.
화폐가 금의 형태로 존재하느냐,
종이 형태로 존재하느냐 하는 것 말입니다.
반면 화폐가 어떤 '기능'으로 존재하는지,
이를테면 가치척도로 존재하느냐
유통수단으로 존재하느냐를 구별하는 것이
'기능적 현존'이죠.
예를 들어 국가가 발행하는 '지폐'와
도매상인들이 유통시키는 '어음'은
소재는 모두 종이 형태로 되어 있습니다만
그 기능도 그 역사도 아주 다릅니다.

요하임 베케라르, 〈생선시장〉, 1568.
화폐와 상품의 자유로운 '유통'은 자연의 산물이 아니라 역사의 산물이다.
이제 사람들은 자신에게 필요한 것들을 시장에 가서 구입해야 하며,
이는 자신이 가진 것을 시장에 내다 판다는 뜻이기도 하다.

지금까지 우리는 화폐의 '발생'을 살펴보았습니다. 가볍게 한 번 정리해볼까요. 마르크스는 『자본』 제1장에서 상품교환에 이미 화폐가 들어 있음을 보여주었죠. 상품의 가치는 우리가 직접 보거나 만질 수 있는 게 아니고 그것과 교환되는 다른 상품의 모습으로만 나타납니다. 상품의 가치를 나타내는 화폐도 마찬가지입니다. 화폐는 상품 A와 교환됨으로써 상품 A의 가치를 표현하는 상품 B와 같지요. 화폐가 특별하다면 다른 모든 상품들에 대해서도 바로 그런 역할을 한다는 것, 즉 교환의 일반적 등가물이라는 점뿐입니다. 따라서 상품들이 교환되는 한 하나의 상품은 다른 상품의 화폐 역할을 하는 것이고, 그 점에서 상품들의 교환에는 이미 화폐가 들어 있는 것입니다.

　『자본』 제2장에서도 마르크스는 계속해서 화폐의 발생을 다루는데요. 다만 여기서는 화폐가 특수한 인간관계를 전제한다는 점에서 그런 인간관계의 발생을 해명했습니다. 화폐는 공동체적 인간관계가 작동하지 않는 곳, 즉 공동체와 공동체 사이에서 발생했다는 것이지요. 그리고 근대사회란 공동체 사이에서나 가능한 관계가 '원자화된 개인들 사이에서 일반화된 것'이라고 했습니다.

　　。'가치'에서 '자본'으로 넘어가는 길목에서
제3장부터 우리는 화폐와 상품의 자유로운 '유통'을 전제할 겁니다. 물론 그 유통이라는 것 역시 자연의 산물이 아니라 역

사의 산물이라는 점에 유념하면서 말이지요. 이제 사람들은 자신에게 필요한 것들을 시장에 가서 구입해야 합니다. 이는 자신이 가진 것을 시장에 내다 판다는 뜻이기도 하죠.

　지금부터 함께 읽을 『자본』 제3장은 화폐의 여러 기능을 살펴보는 장입니다. 그런데 마르크스는 왜 화폐의 '기능'을 살피는 걸까요? 시리즈 1권과 2권에서도 언급했듯 마르크스는 서술의 방법, 특히 논의의 순서와 연결을 중시했습니다. 우리 눈에 나타난 복잡한 현상이 어떻게 생겨났는지를 단순한 것부터 차근차근 설명해야 한다고 봤으니까요.

　그래서 그는 "아직은 설명할 때가 아니다"라는 말을 곧잘 했습니다. 이를테면 『자본』 I권 출간을 앞두고 엥겔스는 '잉여가치'와 관련해 속류경제학자들의 반론을 예상하며("틀림없이 제기될 것이네") 마르크스에게 관련 내용을 보강하라고 했습니다.[32] 이에 대해 마르크스는 반론들에 답할 장소는 여기가 아니라고 말합니다.[33] 적절한 해명은 『자본』 I권의 뒷부분과 II권에서 서술할 내용이 전제되었을 때 가능하다는 것이었지요. 그러면서 만약 속류경제학자들의 반론을 미리 차단하려 하면 이 책의 "변증법적 전개방법(Entwicklungsmethode) 전체를 망가뜨릴 것"이라고 했습니다. 그러니 당분간은 그들이 마음껏 떠들도록 내버려두자고 했어요. 오히려 "그 녀석들로 하여금 성급하게(때를 못 맞추고, unzeitigen) 자신들의 어리석음을 드러내도록 자극하는 덫을 놓는" 장점이 있다고요.

　다시 강조하지만 마르크스는 자신이 '변증법적'이라고

말한 '서술방법'에 신경 썼습니다. 논리 전개의 순서가 있는 겁니다. 『자본』 제3장은 '가치'에 대한 설명에서 '자본'에 대한 설명으로 넘어가는 대목입니다. 『자본』 제1편의 제목이 '상품과 화폐'였는데요. 상품과 화폐는 '자본주의 생산양식이 지배하는 사회'에서 '부'(富) 즉 '가치'가 우리에게 '나타나는 형태'였습니다. 그래서 '가치의 현상형태'라고 불렀죠. '화폐'는 특히 그렇습니다. 화폐만 놓고 보면 가치 자체가 독립해서 우리 앞에 있는 것 같습니다. '가치의 현상형태'가 아니라 '가치 자체'라는 착각이 들 정도죠. 그래서 사람들은 금고에 쌓인 돈 자체를 부의 축적, 가치의 축적으로 봅니다. 가치는 '사물'이 아니라 '관계'라는 점을 잊는 겁니다. '화폐 물신'에 빠진 거죠.

그럼 『자본』 제2편의 제목은 뭔지 미리 슬쩍 볼까요. '화폐의 자본으로의 전화'(Die Verwandlung von Geld in Kapital), 곧 '화폐'가 '자본'으로 변한다는 것인데요. 『자본』 제1편에서 마르크스는 가치가 무엇이고 어떻게 우리에게 나타나는지를 다루었습니다(가치형태론). 그러고는 제2편에서 가치의 증식에 대해 다룹니다. 자본이란 무엇이었던가요? 시리즈 2권을 읽은 독자들은 기억할 텐데요, 바로 '증식하는 가치'입니다. 그렇다면 화폐는 어떤 위치에 있는가? 화폐는 한편으로는 가치의 현상형태이면서 다른 한편으로는 가치의 증식을 설명하는 출발점입니다.

이 말들이 다소 낯설게 느껴질 수 있지만 너무 어렵게 생각할 것 없습니다. 누구에게나 '자본'의 즉각적 이미지는 '돈'이지요. '자본가'란 한마디로 '돈 많은 사람'입니다. 이어지는 『자본』제4장에서 마르크스는 이 출발점을 간단히 확인하는 데서 이야기를 시작합니다. "화폐가 자본의 최초의 현상형태라는 것을 발견하기 위해 자본의 기원을 회고해볼 필요는 없다. 우리는 매일 그것을 볼 수 있기 때문이다." 역사적으로도 그렇습니다. 상품유통이 활발해지면 그 산물로서 화폐가 생겨나는데 이것이 "자본의 최초 현상형태"라는 거죠.[김, 191; 강, 225]

하지만 '화폐' 자체가 '자본'은 아닙니다. 시리즈 4권에서 본격적으로 살펴보겠습니다만, 농부가 배추를 팔고 받은 돈으로 자전거를 샀다면 그 돈은 '자본'이 아닙니다. 그저 상품을 교환하는 수단일 뿐이죠. '화폐로 사용되는 화폐'와 '자본으로서 화폐'는 다릅니다. '화폐'가 '자본'이 될 수는 있지만 화폐와 자본은 같은 것이 아니라는 말입니다. 화폐는 자본이 될 수도 있지만 그렇지 않을 수도 있습니다. 화폐가 그냥 화폐로 기능하는 것과 자본으로 기능하는 것을 구분할 필요가 있습니다. 이를 이해하려면 화폐의 일반적 기능에 대해 알아둘 필요가 있습니다. 그래서 마르크스는 화폐가 수행하는 기능을 하나씩 살펴보자고 한 것이지요. 자본은 단순한 돈덩어리가 아니니까요.

◦ 화폐의 기능적 현존

화폐의 기능적 현존(funktionelles Dasein). 이렇게 써놓고 보니 '가치의 현상형태'만큼이나 딱딱한 말이네요. 이 말은 마르크스가 제3장에서 쓰는 표현으로, 화폐의 '물질적 현존'과 대비됩니다. 화폐의 '물질적 현존'은 화폐를 소재의 측면에서 보는 겁니다. 화폐가 금의 형태로 존재하느냐, 종이 형태로 존재하느냐 하는 것 말입니다. 반면 화폐가 어떤 '기능'으로 존재하는지, 이를테면 가치척도로 존재하느냐, 유통수단으로 존재하느냐를 구별하는 것이 '기능적 현존'이죠.

예컨대 국가가 발행하는 '지폐'와 도매상인들이 유통시키는 '어음'은 소재는 모두 종이 형태로 되어 있습니다만 그 기능도 그 역사도 아주 다릅니다. 전자는 유통수단이라는 기능에서 파생된 것으로서 화폐상품 '금'을 대신합니다. 하지만 후자는 지불수단 기능에서 파생된 것으로, 단순한 상품유통에서는 생각할 수 없는 신용제도의 발전을 전제합니다.[김, 164~165; 강, 198~199] 유통수단(교환수단)으로서 화폐는 서로 모르는 판매자와 구매자의 관계를 일시적으로 매개하지만, 어음과 같은 지불수단은 판매자와 구매자 사이에 믿을 만한 관계가 이미 수립되었음을 전제합니다.[김, 178; 강, 212] 두 화폐는 수행하는 기능도 다르고 전제하는 조건도 다르기에, 문제가 생겼을 때 나타나는 공황의 양상도 다릅니다.

유통수단, 지불수단, 신용, 공황…… 이런 말들을 조금 일찍 꺼내고 말았습니다만, 나중에 다시 살펴볼 테니 지금 이런 용어들에 대해 부담을 가질 필요는 없습니다. 다만 지금 하려는 말은 이겁니다. 마르크스는 화폐가 어떤 기능을 수행하는가에 따라 매우 다른 것이 된다는 것을 보여주고 싶어했습니다. 이것이 그가 화폐의 '기능적 현존'이라는 말을 통해 전달하려는 바입니다.

시리즈 1권과 2권에서 나는 마르크스가 실체보다 형태에 관심이 많다고 했습니다. 가치형태론이 대표적 예지요. 가치가 상품의 형태를 취한다는 것이 자본주의 생산양식의 독특한 성격이었습니다. 화폐도 그렇습니다. 어떤 기능을 수행하는가, 어떤 형태로 존재하는가에 따라 화폐는 아주 다른 것이 됩니다. 마치 칼이 도마나 당근과 같이 있으면 조리도구지만 돈지갑과 연결되면 흉기가 되는 것처럼 말입니다.

이는 마르크스의 화폐 개념을 둘러싸고 이루어진 논쟁에 시사해주는 바가 있습니다. 마르크스의 화폐 개념을 둘러싸고 소위 '상품화폐론'과 '신용화폐론'이 오랫동안 대립해왔는데요.[34] 상품화폐론을 지지하는 사람들은 가치형태론에서 화폐의 존재 방식에 주목합니다. 화폐는 기본적으로 한 상품의 가치를 표현하는 또 다른 상품이라는 겁니다. 상품들의 가치를 표현하려면 화폐도 상품이어야 한다는 주장이죠. 『자본』 제1장에서 본 것처럼, 한 상품의 가치는 등가인 다른 상품으로 표현됩니다. 화폐란 한 상품이 '교환의 일반적 등가물'로 등장한 것이니 기본적으로 상품으로 볼 수 있는 거죠. 그래서 마르크스가 '화폐상품'(Geldware)이라는 말을 쓴 겁니다. 금이 대표적 예죠. 마르크스에 따르면 주화나 지폐도 기본적으로는 화폐상품인 금을 나타내는 증표 내지 상징입니다. 실제로 유통되어야 할 금을 상징적으로 대표한다는 것이에요. 따라서 마르크스에게 화폐는 '상품'이라는 게 상품화폐론자들의 주장입니다.

반면 신용화폐론을 지지하는 사람들은 마르크스가 파편적이기는 하지만 신용화폐에 대해 여러 가지를 언급했고 그 중요성을 아주 높이 평가했다고 주장합니다. 특히 이들은『자본』III권의 '신용과 가상자본'에 대한 논의에 주목하는데요. 마르크스가 말한 '가상자본'에 주식이나 채권, 다양한 종류의 신용화폐들이 포함되거든요. 그런데 사실 III권까지 갈 것도 없어요. 우리가 읽고 있는 I권 제3장에도 신용화폐의 기본 원리는 언급되어 있으니까요. 또한 마르크스는 거래소에서 이루어지는 막대한 규모의 채권거래를 제3장에서 소개하고 있습니다. 그뿐 아니라 신용의 지불 연쇄를 따라 생겨날 수 있는 화폐공황에 대해서도 언급하지요. 화폐공황이 닥치면, 호경기 때는 '상품이야말로 화폐'라고 외치던 사람들이 무척 당황할 것이라는 이야기도 합니다. 상품을 내버리다시피 하면서 지불수단으로서 화폐를 구하려 혈안이 된다는 겁니다.[김, 179; 강, 213]

마르크스의 화폐 개념을 둘러싼 논쟁에서 주류를 차지하는 것은 어떻든 상품화폐론입니다.[35] 그런데 아이러니하게도 상품화폐론의 승리는 마르크스의 화폐론 자체를 위기로 몰아

넣은 면이 있습니다. 금본위제도 폐지되고 화폐와 금속의 연계가 사실상 끊긴 오늘날에는 화폐를 상품으로 본 마르크스의 견해가 실효성이 없다는 거죠.

하지만 우리가 지금까지 고찰해봤듯, 애초 물음 자체가 이상한 것이었습니다. 마르크스가 상품화폐와 신용화폐 중 어떤 것을 진정한 화폐로 보았느냐고 묻는 것 말입니다. 화폐의 기능적 현존이라는 측면에서 보면, 화폐는 가치척도로 존재할 때도 있고 유통수단으로 존재할 때도 있으며, 지불수단으로 존재할 때도 있습니다. 그리고 지불수단 중에는 고도의 신용을 전제로 하는 화폐도 있는 것입니다.

다만 마르크스가 이 화폐들을 해명하는 데는 순서가 있습니다. 그는 가치척도나 유통수단 그리고 지불수단 중에서 단순한 것을 먼저 말합니다. 단순한 상품유통을 통해서도 해명할 수 있는 기능들 말입니다. 그런 다음 여기에 어떤 조건, 이를테면 은행, 공채, 주식제도의 발전 등이 더해지면 신용화폐의 기능도 해명할 수 있게 됩니다. 다시 말해 논리적으로 단순한 수준에서 해명할 수 있는 화폐가 있는 것이고, 또 복잡한 수준에서 해명할 수 있는 화폐가 있을 뿐입니다. 『자본』의 서술순서를 빗대 말하자면, I권 수준에서 충분히 해명할 수 있는 화폐가 있는가 하면 III권에 가서야 해명할 수 있는 화폐도 있는 것이지요. 그런데 이들 중 어느 것이 진짜 화폐냐고 묻는다면 그 물음 자체가 이상하지 않습니까.

마르크스가 『자본』 I권 제3장에서 신용화폐 논의를 더

진척시키지 않는 것은 서술순서상 아직 해명할 때가 아니기 때문입니다. 앞서 말했듯 그에게는 서술의 순서가 있습니다. 그리고 그는 독자들이 오해가 없도록 이 점을 주지시킵니다. 여기서 논하는 것은 "상품들의 교환에서 직접 생겨나는 화폐형태들의 문제이지, 예컨대 신용화폐처럼 생산과정의 보다 높은 단계들에서 나타날 화폐형태들의 문제는 아니라는 점이 견지되어야 한다"라고요.[36]

　'화폐의 기능적 현존'이라는 말을 다시 한 번 강조해둡니다. 기능별로 화폐형태들이 어떻게 달라지는지에 주목해주세요. '화폐'라는 한 단어로 뭉뚱그렸지만 화폐가 기능별로 얼마나 다른지, 전제된 조건에 따라 얼마나 다른 위기를 낳을 수 있는지 주목해서 봐야 합니다. 조금만 주의를 기울인다면, 마르크스가 화폐와 관련해 '……인 한에서'라는 표현을 자주 쓴다는 걸 알 수 있습니다. '가치척도인 한에서'라거나 '유통수단인 한에서는' 같은 표현들 말입니다. 똑같은 금덩어리도 '가치척도인 한에서는' '유통수단인 한에서'와 아주 다른 존재이며, 국제적 가치척도나 결제수단, 다시 말해 '세계화폐인 한에서는' 또 아주 다른 존재가 됩니다.

◦ 화폐는 기능별로 유래가 다르다

화폐를 기능별로 나누어 접근하는 것은 통상의 경제학자들이 화폐에 대해 내린 기능적 정의와 다릅니다. 화폐가 무엇이냐고 물으면 그저 기능들을 나열하는 사람들이 있지 않습니까.

화폐는 가치척도이고 교환수단이며 지불수단이고 가치저장수단이라는 식으로요. 화폐가 수행하는 일들을 모두 묶어 화폐의 정의를 대체하는 것이죠. 그런데 이것은 화폐 각각의 기능들이 서로 얼마나 다른지를 제대로 모른 채 뭉뚱그린 것에 불과합니다.

마르크스가 말한 화폐의 '기능적 현존'의 의의를 살리려면 차라리 주어와 술어를 바꾸는 게 낫습니다. "화폐란 이런저런 기능을 수행하는 것이다"라고 말하는 대신 "이런저런 기능을 수행하는 화폐가 있다"라는 식으로요. 이를테면 "화폐는 가치척도이고 유통수단이다"라고 말하지 않고, "가치척도로서 화폐는" 혹은 "가치척도로 기능하는 화폐는"이라고 말하는 것이지요. '유통수단'일 경우에도 그렇게 말할 수 있겠지요.

근대 자본주의사회에서는 문장의 앞뒤를 바꾸는 것이 별 의미가 없어 보입니다만 역사적으로 보면 그렇지 않습니다. 가치척도로는 쓰이는데 유통수단으로는 쓰이지 않는 화폐도 있었거든요. 이런 화폐도 있고 저런 화폐도 있는 것이지, "화폐란 ……이다"라고 모든 기능들을 포괄한 정의를 역사에 끌어들일 수는 없습니다. 역사적으로 그런 화폐는 거의 없었거든요.

화폐가 수행하는 기능들은 저마다 역사를 갖고 있습니다. 어찌 보면 당연합니다. 기능마다 필요한 조건이 다르니까요. 어떤 사물이 교환수단 내지 유통수단으로 사용된다는 것은 상품거래가 이루어지는 사회라는 뜻이죠. 그렇다면 우리가 『자본』 제2장에서 본 인간관계를 비롯해 전제되어야 할 사항이 많을 겁니다. 또 라피아나 캠우드처럼 어떤 사물이 지불수단으로 사용된다면 종교나 축제 참여와 관련된 종교적·상징적 규칙들이 있겠지요. 채권·채무와 관계된 제도도 있어야 할 겁니다. 다른 기능들에 대해서도 비슷한 이야기를 할 수 있습니다.

실제로 화폐의 역사를 살펴보면 기능별로 유래가 상이함을 확인할 수 있습니다. 사회학자나 인류학자들이 이 점을 지적하는데요. 예컨대 고전사회학자 베버(M. Weber)가 그렇습니다.[37] 그는 근대적 화폐가 교환수단·지불수단·계산수단의 종합이지만 각각의 기능은 유래를 달리한다는 것을 알고 있었습니다. 특히 그는 지불수단으로서 화폐와 교환수단으로서 화폐의 기원을 엄격히 구분했습니다.[38] 그리고 교환되지 않는 화폐로서 지불수단의 역사가 더 오래되었다고 했습니다. "교환 없는 경제에서도 화폐는…… 교환에 기초를 두지 않고 지불될 수 있고 이때 지불수단이 필요할 수 있다. 가령 조공으로 바치거나 수장에게 보내는 증여물, 결혼 시의 납폐, 신부지참금, 살인벌금, 속죄금, 벌금 등은 전형적으로 지불수단으로 납입되는 것이다. ……카르타고 같은 도시뿐만 아니라 페르시아 제국에서도 화폐 주조는 대체로 군사상의 지불수단을 조달하기 위해 행해졌을 뿐, 교환수단의 조달을 위해 나타난 것은 아니었다."[39]

그렇다면 일반적 교환수단으로서 화폐는 어떻게 출현했는가. 마르크스가 공동체의 바깥을 지목했듯 베버 역시 대외상업을 지목했습니다. 국가와 국가, 종족과 종족 사이에서 일반적 교환수단이 발생한다고 말입니다. 그리고 이런 대외교역이 공동체 내부의 경제로 침투한다고 했죠.[40] 마르크스가 말한 그대로입니다.

근대 이전의 화폐들을 보면 오늘날 우리가 나열하는 화폐의 기능들을 모두 수행하는 경우는 거의 없습니다. 그런 기능들 중 한두 가지를 수행하는 사물들이 있을 뿐이죠. 앞에서 본 렐레족의 라피아나 캠우드가 그랬습니다. 계산척도의 역할도 했고 지불수단이기도 했지만 교환수단으로는 사용되지 않았어요.

베버도 언급했지만, 폴라니에 따르면 원시사회에서 가장 일반적 화폐 용도는 지불수단이었습니다.[41] 특정한 사물을 결혼지참금이나 위자료나 벌금, 채무 지불에 쓴 것이죠. 이를테면 누군가에게 상해를 입혔을 때 당사자나 가족에게 건네야 하는 위자료, 공동체 질서를 어지럽혔을 때 내는 벌금, 신전에 들어갈 때 내는 입장료 등으로 특정한 '사물'을 일정한 양만큼 내야 했습니다(앞서도 말했지만 이 사물로 물건을 구입할 수는 없습니다). 참고로 오늘날에는 '채무'를 경제적인 것으로 생각하지만 고대의 채무는 신이나 조상, 공동체 등과 관련된 사회적·종교적·상징적·법적 성격을 띠었습니다.

가치척도 내지 계산수단으로만 사용되는 화폐도 있었는

데요. 언뜻 생각하기에 가치를 재는 것은 서로 다른 물건을 공정하게 바꾸기 위해서일 것 같은데, 그렇지 않은 경우도 있습니다. 가치척도는 관리를 위해서도 필요하니까요. "교환이 이루어지지 않더라도 거대한 궁전이나 사원의 창고관리에 가치척도로서 화폐가 이용"되었습니다.[42] 그뿐 아니라 거대제국들 중에는 큰 창고에 재화를 보관한 뒤 신민들에게 배급하는 경우도 많았습니다. 시장을 통한 교환이 아니라 중앙배급 시스템이었던 거죠. 이때도 창고 물품의 계산과 관리에 특정 단위를 사용했습니다.

자본주의 시장경제에 익숙한 우리로서는 교환의 일반적 등가물인 화폐가 그 자체로 가치척도도 되고 유통수단도 되며 가치저장의 수단도 되는 것이라고 생각합니다. 그리고 이런 통념을 역사에 함부로 투사합니다. 하지만 물건들이 유통되는 방식에는 여러 가지가 있습니다. 증여와 답례의 형식으로 이루어질 수도 있고, 중앙에서 배급하는 형식을 취할 수도 있으며, 시장에서 이루어지는 교환의 형식을 취할 수도 있습니다. 스미스가 인간의 '교환 성향'을 쉽게 전제했듯 우리는 물건들의 유통을 보는 순간 금세 시장에서의 상품거래로 넘어가려고 합니다. 그리고 화폐를 보면 교역과 시장이 당연히 있는 것이라고 쉽게 단정하고요. 우리 시대에 너무 익숙해져 생겨나는 연상작용이죠. 하지만 시장이 없는 곳에서도 얼마든지 물건들이 유통되고 화폐가 사용될 수 있습니다.[43]

참고로 이런 사정 때문에 폴라니는 화폐를 두 그룹으로

나누자고 했답니다. 근대의 화폐처럼 "모든 용법을 겸하는 전 목적적 화폐"(all purpose money)도 있고, 근대 이전의 다양한 화폐들처럼 "특정한 목적에만 쓰이는 화폐"(special purpose money)도 있다는 거죠.[44] 근대의 화폐들이 온갖 목적들에 사용될 수 있게 된 것은 시장에서의 교환이 다른 유통방식들을 다 대체해버렸고 우리의 생존과 욕구충족에 필요한 재화와 용역 모두를 시장에서만 구할 수 있게 된 상황과 관련됩니다. 모든 것이 시장에 상품으로 나와 있는 조건에서 돈을 가졌다는 것은 그야말로 모든 것을 가질 수 있다는 뜻이 되지요. 모든 걸 돈으로 해결할 수 있는 세상이 된 겁니다.

4

내 머릿속의 금화

———

가치척도로서 화폐

가치를 잴 때 실제 금이 필요하지는 않습니다.
"머릿속에 있는 금"으로 충분합니다.
현실의 금이 화폐상품의 지위를 차지하고 나면
가치척도로 사용할 때 그것을
손에 쥐고 있을 필요는 없다는 뜻입니다.
비유컨대 우리는 지구 둘레를 잴 수 있는 줄자를
실제로는 가지고 있지 않습니다.
하지만 우리 머릿속 줄자는 무한히 늘릴 수 있죠.
마르크스가 "지구의 적도를 길이로 표현한다 해도
실제로 그것을 잴 줄자가 필요한 것은 아니"라고
말한 것은 그런 이유입니다.

귀스타브 도레의 스케치, 〈돈을 세다〉.
가격은 상품의 가치를 화폐로 표현한 것이지만, 가격이 가치를 나타낸다고 해서
가격이 가치를 그대로 나타내는 것은 아니다.

이제 마르크스가 구별한 화폐의 기능적 현존을 하나씩 살펴보겠습니다. 마르크스는 크게 세 가지로 나누었습니다. 하나는 가치척도이고, 다른 하나는 유통수단이며, 마지막은 화폐입니다. 마지막 기능이 '화폐'라는 게 조금 이상하겠습니다만, 이에 관해서는 해당 부분을 다루면서 이야기하지요.

○ '가치를 가진 것'만이 가치를 잴 수 있다

'가치척도'는 화폐가 다른 상품들의 가치를 표현하는 사물이라는 점에서 곧바로 도출할 수 있는 기능입니다. 모든 상품들이 하나의 사물로 자신들의 가치를 표현한다면 상품들의 가치는 질적으로는 똑같고 양적으로만 달라질 겁니다. 이처럼 모든 상품들의 가치를 양적 차이로 표현할 수 있는 것, 이것이 가치척도로서 화폐가 의미하는 바입니다.

마르크스는 제3장 첫 문장에서 "이 책의 어디에서나 설명을 간단히 하기 위해 금을 화폐상품이라고 전제한다"라고 했습니다.[김, 122; 강, 160] 이런 전제가 필요한 것은 금이 아닌 사물, 이를테면 은이나 구리, 아마포도 화폐 기능을 수행할 수 있기 때문입니다. 꼭 금이어야 할 이유가 없으니까요. 앞서 신용화폐에 대해 말한 것처럼, 사실 화폐가 꼭 상품이어야 하는 것도 아닙니다. 기능에 따라서는요. 그러나 '가치척도인 한에서' 화폐는 일단 가치를 가진 사물, 즉 상품이어야 합니다. 한마디로 화폐상품이어야 합니다. 마르크스는 이 화폐상품을 일단 '금'으로 해두는 겁니다.

왜 마르크스는 가치척도인 화폐는 일단 상품이어야 한다고 생각했을까요? 사실 모든 상품들의 가치를 동일한 단위로 측정할 수 있는 것은 모두가 "대상화된 인간노동"이기 때문입니다. 다시 말해 모든 상품들에는 인간의 추상노동이 들어 있습니다. 이 공통성 덕분에 상품들 중 하나가 가치척도 역할을 수행할 수 있는 거죠. 그 상품이 어떤 초월적 힘을 가졌기 때문이 아닙니다. 화폐 덕분에 상품들을 같은 단위로 측정할 수 있는 게 아니라, 모든 상품들을 공통된 단위로 측정할 수 있기 때문에 어떤 상품이 화폐 즉 가치척도 기능을 수행할 수 있는 겁니다.[김, 122; 강, 160] 따라서 원리상으로는 어떤 상품도 그런 역할을 할 수 있습니다. 물론 한 상품이 화폐로 결정되면 다른 것들은 거기서 배제되지만요.

방금 가치척도인 화폐는, 화폐가 가치를 표현하는 사물이라는 점에서 곧바로 도출된다고 했는데요. 사실 '가치를 잰다'와 '가치를 표현한다'는 긴밀하게 연결되어 있습니다. 단순한 상품교환, 즉 $xA = yB$에서 상품 B는 상품 A의 가치를 표현하는데, 여기서 우리는 상품 B는 상품 A의 가치를 잰다고도 말할 수 있습니다.

저울을 떠올려보면 쉽게 이해할 수 있습니다. 한쪽에 감자자루를 달아두고 다른 쪽에 추를 달아둔다고 해볼까요. 이때 추는 한편으로 감자자루의 무게를 표현합니다. 하지만 다른 한편으로 감자자루의 무게를 잰다고도 할 수 있습니다. 추가 감자자루의 무게를 잴 수 있는 것은 그것 자체기 무게를 가지고 있기 때문이죠. 무게를 가진 것만이 다른 것의 무게를 잴 수 있습니다. 마찬가지로 가치를 가진 것만이 가치를 재는 데 이용될 수 있지요. 가치척도인 한에서 화폐가 상품인 이유가 이것입니다.

◦ 머릿속의 금화, 관념 속의 금고

상품들의 가치를 화폐로 표현할 때 우리는 그것을 '가격'이라고 부릅니다. 가격이란 화폐상품으로 표현된 해당 상품의 가치입니다. 그러나 다시 한 번 주의해야 하는데요. 가격은 해당 상품의 가치가 표현된 것이지만 가치 자체는 아닙니다(가치는 그 자체로 나타날 수 없다는 말 기억하시죠?). 가격은 가치를 화폐상품으로 표현한 것, 그러니까 해당 상품과 화폐상품 사이의 교환비율이죠.

그런데 상품들 이마에 가격표를 붙여놓으면 그것이 관계라는 걸 잊어버리기가 쉽습니다. 그냥 그 상품의 가치인 것처럼 보이죠. 하지만 아마포 20미터에 1파운드라는 가격이 붙어 있으면 그것은 '아마포 20미터＝금 1파운드'라는, 아마포와 금의 교환관계를 표현한 것임을 잊지 말아야 합니다(화폐상품을 '금'이라고 전제했을 때 말입니다). 쇠, 아마포, 밀, 외투 등의 상품들은 가격표로 자신과 금의 교환 등식, 자신들과 금의 관계를 표현합니다.[김, 124; 강, 162]

상품소유자들은 교환에 나서면서 나름대로 상품의 가격을 떠올릴 겁니다. 가치를 금의 양으로 짐작해보는 것이죠. 갑자자루를 들어보고 무게를 짐작하는 농부처럼 상품소유자는 상품의 가격을 짐작합니다. 그 짐작은 틀릴 수도 있습니다. 하지만 상관없습니다. 시장에 가면 금세 바로잡힐 테니까요. 여기서는 화폐를 통해 가치를 잰다는 점만 주목하겠습니다.

그런데 가치를 잴 때 실제 금이 필요하지는 않습니다. "머릿속에 있는 금", "상상적이고 관념적인 금"으로 충분합니다.[김, 124; 강, 162] 금 자체가 관념적 상품이라는 말은 아닙니다. 금이 영화 〈어벤져스〉에 나오는 '인피니티 스톤' 같은 상상의 금속이라면 애당초 가치척도가 될 수 없습니다. 금은 현실의 금속이어야 합니다. 다만 현실의 금이 화폐상품의 지위를 차지하고 나면 가치척도로 사용할 때 그것을 손에 쥐고 있을 필요는 없다는 뜻입니다. '가치척도로 사용하는 한에서'는 말입니다. 그래서 마르크스는 이런 주의문을 달아두었습니다. "상상적일 뿐인 화폐가 가치척도의 기능을 수행한다 할지라도 가격은 전적으로 실제 화폐재료에 달려 있다."[김, 125; 강, 162] 그래서 만약 금 대신 은을 가치척도로 사용하면 가치의 표현, 즉 가격은 또 달라지겠지요. 현실에서 은의 가치는 금과 다르니까요.

실제로 우리가 금을 갖고 있을 필요는 없기에 '가치척도인 한에서' 우리는 화폐를 머릿속에선 얼마든지 무한정 늘릴 수 있습니다. 비유컨대 우리는 지구의 둘레를 잴 수 있는 줄자를 실제로는 가지고 있지 않습니다. 하지만 우리 머릿속 줄자는 무한히 늘릴 수 있습니다. 마르크스가 "지구의 적도를 길

이로 표현한다고 해도 실제로 그것을 잴 줄자가 필요한 것은 아니"라고 말한 것은 그런 이유입니다.[45]

가치척도인 한에서 우리는 화폐를 마음껏 쓸 수 있습니다. 지구의 가치도 잴 수 있지요. 물론 지구는 상품이 아니고 그것을 실제로 거래할 수도 없지만요. 별로 내키지 않을 수 있지만 『어린 왕자』에 나오는 탐욕스러운 사업가를 떠올려보죠. 별을 사 모으는 사람 있잖아요. 그에게 지구를 판다고 해봅시다. 지구에 가격표를 붙인다면 얼마를 써야 할까요. 행성 거래 시장에서 지구는 얼마를 받을 수 있을까요?

참고로 2011년 미국의 천문학자 그렉 로글린(G. Laughlin)이 지구의 가격을 제시한 적이 있습니다.[46] 그는 행성의 크기, 질량, 온도, 수명 등을 고려해 행성들의 가격을 추산하는 공식을 만들었는데요. 그가 추산한 지구의 가격은 약 5,000조 달러, 우리 돈으로 500경 원입니다. 말 그대로 천문학적인 액수죠. 물론 지구는 상품이 아니고 소유한 사람도 없습니다. 지구를 소유하고 거래하려면 지구를 처분할 수 있어야 하지만 지구상에 그럴 수 있는 존재도 없고요.

로글린이 추정한 지구 가격이 너무 싸다고 생각하는 사람도 많을 겁니다. 그래도 로글린이 추산한 행성 중에는 지구가 제일 비쌌습니다. 화성은 1만 4,000달러에 그쳤어요. 금성은 1페니도 안 됐습니다. 인간의 생존에 적합한지를 중요하게 고려했기 때문이겠죠. 너무나 인간적인 가치평가 아니냐고요? 원래 '가치'라는 게 인간적인 겁니다. 게다가 경제적 가치는 더 말할 것도 없지요. 어쩌면 그것은 인간적인 것에 대한 고려로도 충분치 않습니다. 생태학적으로는 가치 있는 사물도 경제학적으로는 무가치할 수 있으니까요.

천문학자 로글린은 우주탐사선을 이용한 행성들의 탐사 가치를 생각한 겁니다. 탐사선을 보낸다면 어느 행성으로 먼저 보내는 게 좋을까 하는 것 말입니다. 그는 우주탐사선이 새로운 행성을 탐사할 때 그것이 얼마나 비싼지 알면 사람들이 더 흥미로워할 거라고 생각했습니다. 오늘날 사람들은 돈으로 가치를 매기는 데 익숙하니까요. 우리가 보고 있는 게 몇억 원짜리 자동차라고 말하는 것처럼, 지금 탐사선이 다가가는 저 행성이 몇 천조 원짜리라고 말하면 흥미를 끌겠죠. 하지만 밤하늘을 상품 진열장으로 만들어놓고 바라보는 게 그렇게 매력적인 일인지 모르겠습니다.

◦ 그의 이름이 야곱이라는 걸 안다 해도……

방금 나는 로글린이 추산한 행성의 가격을 '달러'로도 말하고 '원'으로도 말했는데, 이처럼 가격은 현실에서 여러 이름을 갖고 있습니다. 화폐의 명칭이 다른 거죠. 저마다 도량의 기준 단위도 다르고 이름도 다릅니다. 이제 이 문제를 간단히 살펴보겠습니다.

우선 금이라는 화폐상품에서 시작해봅시다. 상품들의 가치를 금으로 표시할 때 우리는 금의 단위 무게를 정하고 있습니다. 소위 도량단위(Maßeinheit)라는 것인데요. 마치 모든 자연수를 단위수 '1'의 개수로 표현하는 것과 같습니다. 예를 들어 영국은 금의 양을 나타내는 도량단위로 '파운드'를 씁니다. '킬로그램'으로 환산하면 '1파운드'는 '0.453592킬로그램'입니다. 그렇다면 파운드를 기준 삼아 다양한 물건들의 무게를 표현할 수 있습니다. 5파운드, 100파운드, 1000파운드 하는 식으로요.

그런데 금을 화폐상품으로 전제할 때 '금 1파운드'라는 말에는 두 가지 의미가 있습니다. 한편으로는 방금 말한 것처럼 물리량으로서 금의 '무게'를 뜻합니다. 1파운드 무게의 금이 있다는 뜻이지요. 하지만 금은 화폐상품이므로 그만큼의 '가치량'을 뜻하기도 합니다. '금 1파운드'에 대상화된 추상노동의 양을 나타내는 것이죠. 말로는 똑같은 1파운드이지만 금의 '무게'를 나타내기도 하고 '가치량'을 나타내기도 합니다. 전자는 '도량표준'(Maßstab)이고 후자는 '가치척도'(Maß der Werte)죠.

물론 도량표준을 설정한 덕분에 우리는 상품들의 가격을 일정한 비율로 표현할 수 있습니다. 10파운드 물건이 1파운드 물건보다 10배 무겁듯 10파운드짜리 물건은 1파운드짜리 물건에 비해 10배 비싸다고 말할 수 있습니다. 어떤 명칭을 도량표준으로 사용하려면 이처럼 단위가 고정되어 있기만 하면 됩니다. 금 10파운드는 언제 어떤 상황에서도 1파운드의 10배 무게입니다. 하지만 가치척도로서 금 1파운드의 가치는 금의 생산조건에 따라 변합니다(무게는 그대로인데 말입니다).[김, 127; 강, 165] 그리고 이렇게 변화한 가치는 상품들의 가격을 변화시킵니다. 금으로 나타나는 상품들의 가치표시가 모두 변하는 것이죠. 그러나 단위는 도량표준을 쓰기 때문에 1파운드와 10파운드의 비례관계는 그대로 유지됩니다.[김, 128; 강, 165] 가치변동이 도량표준의 비례관계에는 영향을 미치지 않으니까요.

파운드도 그렇지만 화폐명칭 중에는 무게에서 유래한 것들이 많습니다. '파운드'의 로마식 무게단위인 '리브라'는 로마의 화폐명칭이었고요(무게로서 파운드를 'lb'라고 쓰는 것도 이 때문이지요), 로마의 '리브라'에서 이탈리아와 터키의 화폐 '리라'(lira), 프랑스가 18세기 말까지 썼던 화폐 '리브르'(libre)가 유래했습니다. 독일의 '마르크'(mark)도 무게단위였습니다. 조선시대의 화폐단위였던 '냥'(兩)도 그렇습니다. 무게의 도량단위에서 화폐명칭이 온 겁니다.

그러나 화폐명칭은 점차 무게명칭에서 벗어납니다. 마르크스는 세 가지 원인을 들었는데요.[김, 129; 강, 166] 첫째, 발전된 나라의 화폐가 상품처럼 수입되는 경우가 있습니다. 로마의 인접국에 로마의 '리브라'가 들어온다면 '리브라'는 로마에서는 무게를 지칭하는 이름이었으나 언어가 다른 나라에서는 그 말을 쓸 때 '무게'까지 느끼지는 못합니다. 그냥 화폐명칭일 뿐이죠. 실제로 제국 인근의 나라들은 제국의 화폐를 이름 그대로 쓰는 경우가 많았습니다.

둘째, 가치척도 역할을 하는 금속이 바뀌는 경우가 있습니다. 영국의 파운드화(£)가 그 예인데요. 앞서 본 것처럼 파운드는 무게단위였는데, 가치척도로 은을 쓸 당시에 화폐명칭이 되었습니다. 즉 '1파운드'는 원래 '은 1파운드'를 가리켰습니다. 그런데 금이 척도의 자리를 차지하자 금과 은의 당시 가치비율에 따라 '금 $\frac{1}{15}$파운드'에 '1파운드'라는 말을 썼습니다. 화폐 '1파운드'(£)는 여전히 '1파운드'로 불리는데 무게로는 '$\frac{1}{15}$파운드'(lb)인 겁니다. 즉 화폐명칭 '파운드'(£)와 관습적 무게명칭 '파운드'(lb)가 분리된 거죠.

셋째, 군주들이 워낙 화폐를 자주 변조시켰던 탓도 있습니다. 금을 조금씩 덜어내고 주조하게 되었다는 이야기죠. 액면에는 1파운드라고 되어 있지만 실제로는 더 적은 양의 금을 쓰는 겁니다. 군주만 그랬던 것은 아닙니다. 화폐주조 업무를 맡은 금세공업자들도 주화 테두리를 갈아 금가루를 빼돌렸죠. 그러다 보니 실제 금속 무게와 액면 무게가 달랐습니다. 이름만 1파운드이지 실제로는 1파운드가 아닌 겁니다.

화폐명칭이 무게명칭에서 분리되면서 아예 무게와는 상관없는 명칭들도 나타났습니다. 파운드 자체의 표기가 달라졌고, 그 아래 단위인 실링이나 페니도 무게와는 전혀 상관이 없었습니다. 지멜에 따르면 '실링'(Schilling)이란 단어는 '스킬란'(Skillan)과 연관되는데, '스킬란'에는 살인이나 상해 범죄를 저지른 자의 참회의 뜻이 담겨 있다고 합니다.[47] 형벌로서 벌금의 의미가 있는 거죠(앞서 언급했듯 벌금은 지불수단으로서 화폐의 중요한 기원 중 하나입니다). 미국의 화폐 '달러'도 무게와 무관한 이름입니다. 신성로마제국의 요아힘스탈(Joachimsthal)이라는 광산에서 유래했지요. 이 광산에서 캐낸 은으로 만든 주화를 '요아힘스탈러'라고 불렀는데요. 약칭해서 '탈러'라고 불렀고 그것이 나중에 '달러'가 되었죠. 오늘날 유럽인들이 쓰는 '유로'라는 이름도 무게와는 전혀 관련이 없고요.

한국의 '원'화도 무게와 상관이 없습니다. 중국의 영향이 큰데요(사실 조선의 '냥'도 중국 진시황 때의 도량단위입니다). 16세기 무렵 유럽인들은 아메리카에서 가져온 은을 중국의 차, 향료, 비단 등과 교환했습니다. 중국과 인도가 '은'을 좋아했어요. 서양의 '뱅크'(bank)의 번역어가 '금행'이 아니라 '은행'인 것도 그렇고, 인도를 비롯해 남아시아 나라들의 화폐명칭이 '루피' 즉 '은'인 것만 봐도 알 수 있죠. 중국이 은을 많이 받아들였기에 유럽, 특히 에스파냐 등지에서 은화가 많이 흘러들어왔습니다. 그때 에스파냐의 은화가 둥글었기 때문에 중국인들은 그것을 '은원'(銀圓)이라고 불렀다는데요. 여기서 화폐단위로서 '둥글다'라는 뜻의 '원'이 생겨납니다. 사실 일본도 메이지 시대 이전에는 화폐 단위로 '료'를 썼는데 이 역시 '냥'과 같은 한자를 일본식으로 발음한 것일 뿐입니다. 그러다 '엔'(円)을 썼는데, '원'(圓)이라는 한자의 속자죠.[48]

이야기가 잠시 옆길로 샜는데요. 다시 이어가자면, 화폐명칭은 어느 시기엔가 무게와는 상관이 없어졌습니다. 애초 가치척도로 사용되었던 해당 사물의 물리적 특성과도 무관해졌지요. 이름에 가치관계의 흔적이 없습니다. 화폐명칭은 상품의 가치를 가리키는 이름이지만 이름은 그 대상과 상관없는 기호가 된 겁니다. 마르크스의 말을 인용하자면, "어떤 사람의 이름이 야곱이라는 것을 안다고 해도 우리가 그 사람에 대해 알 수 있는 것은 아무것도 없"다는 것이죠.[김, 131; 강, 168]

대체로 화폐명칭은 국가가 정합니다. '유로'처럼 국가를 넘어서기도 하지만요. 화폐주권이 어느 수준에서 형성되느냐에 따라 화폐명칭이 달라집니다. 그러나 어느 경우든 화폐명칭은 이제 마르크스의 표현처럼 '법정 세례명'이 되었습니다.[김, 130; 강, 167] 이제 우리는 상품의 가치를 잴 때 화폐명칭으로는 가치의 냄새를 맡기가 어려워졌습니다. '냥'이 주는 무게감을 '원'에서는 느낄 수가 없습니다.

∘ 가치에서 가격으로 바뀔 때

가격을 표시하는 방식은 화폐의 이름만큼이나 다양합니다. 그러나 어떻든 가격은 상품의 가치를 화폐로 표현한 것(원, 달러, 유로 등)입니다. 그런데 가격이 가치를 나타낸다고 해서 가격이 가치를 그대로 나타내는 것은 아닙니다. 마르크스는 알쏭달쏭한 말을 했는데요. "상품가치량의 지표로서 가격이 해당 상품과 화폐의 교환비율에 대한 지표일지라도, 이로부터 그 반대, 즉 화폐와의 교환비율에 대한 지표가 반드시 그 상품의 가치량에 대한 지표라는 사실이 따라 나오는 것은 아니다."[김, 132; 강, 169] 조금 어렵죠? 가격이 상품과 화폐의 교환비율을 나타내기는 하지만, 가격을 기준으로 했을 때의 교환비율과 가치를 기준으로 했을 때의 교환비율은 다를 수 있습니다. 가격이란 해당 상품과 화폐상품의 교환비율이고 교환은 가치에 따라 이루어졌을 텐데 어떻게 이런 일이 있을 수 있는가? 의문을 품는 게 당연합니다. 마르크스의 설명을 좀 더 들어봐야겠습니다.

그는 이런 예를 들었어요.[김, 132; 강 169] 상품을 가치대로 교환했을 때 밀 1리터가 금 ½온스와 등가교환이 된다고 가정해보죠. '1리터 밀'과 '½온스 금'에 들어 있는 추상노동이 같습니다. 법정화폐도 이야기했으니 영국의 '파운드화'(£)로 나타내볼까요. 화폐상품인 금 ½온스를 영국 법정화폐로 나타내면 2파운드에 해당한다고 해보조(법정화폐 1파운드화 배후에 화폐상품인 금 ¼온스가 있는 것입니다). 그런데 밀의 수요·공급에 문제가 생겼습니다. 어떤 사정으로 밀의 공급에 일시적 문제가 생겼어요. 그럼 시장에서 밀 가격이 폭등합니다. 이제 2£가 아니라 3£, 4£로 거래가 되는 겁니다. 밀과 화폐의 교환비율이 변화한 것이지요. 밀과 금의 생산조건은 변한 게 없으니 각각의 가치는 달라지지 않았습니다. 각 상품을 생산하는 데 필요한 사회적 노동량은 그대로입니다. 그런데도 둘의 교환비율이 달라졌습니다. 시장가격이 변한 거죠.

가격의 변동과 가치의 변동은 이처럼 다를 수 있습니다. 가격과 가치량 사이에 괴리가 나타난 거죠. 여기에는 두 가지 사정이 작농했습니다. 첫째, 상품의 가치가 직접 나타나지 못하고 다른 상품, 즉 화폐상품으로 나타난다는 사정이 있습니다. 한 상품의 가치는 다른 상품의 몸을 빌려서만 나타나죠. 타인의 몸에 깃든 영혼이라고 할까요. 이것이 상품가치의 첫 번째 '변신'(Verwandlung)입니다. 경제학자들은 이 단어를 '전형'(轉形)이라고 옮깁니다. 형태를 바꾸었다는 뜻이지요.

둘째, 상품들은 시장에서 교환되는데요. 시장의 어떤 사정, 이를테면 수요·공급이 가격에 영향을 미칩니다(장기적으로는 어떤 균형점을 갖지만 일시적으로는 수요·공급의 사정에 따라 가격이 변화하죠). 독점이 발생할 수도 있고요. 이때의 가격은 가치를 기준으로 했을 때의 값과 달라집니다. 주류 경제학자들의 표현을 빌리자면 균형가격에서 벗어납니다. 마르크스주의 경제학자들은 이를 '단순가격'과 '시장가격'의 차이라고도 말합니다. 또 한 번의 변화가 생긴 것인데요. 첫 번째 변화가 가치에서 가격으로의 질적 변신(전형)이라면, 두 번째 변화는 단순가격에서 시장가격으로 양적 변화가 일어난 거죠. 그래서 전자를 '질적 전형', 후자를 '양적 전형'이라 부르기도 합니다.[49]

『자본』 I권에서 마르크스가 언급한 예는 이 정도입니다. 하지만 『자본』 III권에 가면 다른 경우들도 이야기합니다. 여러 번 말했지만 마르크스는 논의의 순서를 중시하는 사람입니다. 게다가 우리는 아직 '자본' 개념에도, '잉여가치' 개념에도 이르지 않았습니다. 이런 상황에서 『자본』 III권의 이야기를 끌어들인다면 무리가 따를 것 같습니다. 그럼에도 이왕 이야기가 나왔으니 현재 납득할 수 있는 수준으로만 조금 이야기를 꺼내보겠습니다.

상품의 가격에는 비용과 이윤이 포함되어 있습니다. 가격 대신 가치라는 용어를 쓰자면 '투자가치'와 '잉여가치'가 들어 있는 셈이죠. 그런데 상품가격이 비용과 이윤의 합이라면, 자본가에게는 이윤의 폭만큼 가격을 조정할 여지가 생깁니다. 100원의 비용과 20원의 이윤을 더해 정가가 120원인 제품이 만들어졌다 해도 110원에 팔 수 있습니다. 특별 할인 행사 광고를 해서요. 그래도 손해는 아니니까요. 판매가를 조정할 수가 있다는 이야기입니다.

아직은 우리가 '잉여가치 생산'에 대해 알지 못하기 때문에 상세히 말할 수는 없습니다만, 자본가는 100원을 투자해 실제로 120원에 합당한 물건을 생산할 수 있습니다(속여서 부풀리는 것이 아니라요. 참고로 자본가들은 이런 문장, 그러니까 100원이 120원을 만들어냈다는 식의 문장을 좋아합니다. 자본의 신비한 힘을 보여주니까요. 일종의 자본 물신주의죠. 우리는 나중에 마르크스가 자본을 불변자본과 가변자본으로 나누는 걸 볼 텐데요. 그때 이 '신비'는 사라집니다). 120원이 가치를 그대로 반영한 가격이라고 본다면 110원은 가치 이하로는 팔았지만 이윤은 남는 그런 가격입니다.[50] 실제로 경쟁이 심할 때 자본가에게는 이런 '유인'이 존재합니다.

가치와 가격의 괴리 요인은 또 있습니다. 이건 정말로 지금 단계에서 언급할 내용은 아닌데요. 최소한 『자본』 I권의

제23장(영어판은 제25장), 그러니까 〈북클럽 『자본』〉 시리즈의 9권에서 접할 '자본의 유기적 구성' 개념을 이해한 뒤에야 할 수 있는 이야기입니다. 하지만 이미 말을 꺼냈으니, 증명 없이 제시하는 명제처럼, 그냥 적어만 두겠습니다. 똑같은 양의 자본을 투자해도 원료나 기계에 투자한 부분과 노동력에 투자한 부분의 비율이 전체 평균에서 얼마나 벗어나느냐에 따라 상품의 가격과 가치 사이에 괴리가 나타납니다.[51] 지금 더 자세히 설명할 수는 없고요. 나중에 자본의 유기적 구성 이야기를 꺼낼 때 다시 말할 기회가 있을 겁니다.

어떻든 지금 내가 말하려는 바는 상품가격이 가치량을 제대로 반영하지 않을 여지가 아주 많다는 겁니다. 경제학자들에게 이 괴리는 매우 골치 아픈 문제입니다. 상품의 가치는 모두 가격으로 표시되니까요. 이윤과 임금도 가격이라는 형태로 나타납니다. 마르크스는 가치에서 시작해 가격으로 나아갔습니다. 하지만 마르크스의 주장을 검증해보고 싶은 경제학자들은 가격에서 가치 쪽으로 가야 합니다. 시장가격에서 출발해 가치를 추정해야 하지요. 변신의 순서를 반대로 밟아가야 하는 겁니다. 그런데 가격이 가치를 충실히 반영하지 않으니 어쩌죠? 학자들로서는 괴로운 일입니다.

어차피 가격이 가치를 따르지 않는다면 가치론이 무슨 의미가 있느냐고 항변하는 사람도 있을 겁니다. 당대의 이탈리아 경제학자 아킬레 로리아(A. Loria)도 그렇게 따졌습니다. 엥겔스는 로리아에 대해 마르크스의 유물론을 곡해해 자신의 발명품인 양 행세한 사기꾼이자 가치에 대한 마르크스의 주장을 전혀 이해하지 못한 궤변가라고 맹비난했는데요.[52] 로리아는 이렇게 말했습니다. "상품이 그것대로 판매되지 않을 뿐만 아니라 판매될 수도 없는 가치를 연구한다는 것은 조금이라도 분별 있는 경제학자라면 아무도 연구하지 않을 것이며 또 결코 연구할 수도 없을 것이다."[53]

가치와 가격이 괴리되면 가치는 정말로 아무런 의미도 없는 걸까요? 엥겔스는 로리아의 말에 이렇게 반박했습니다. 만약 "상품들의 교환비율이 전적으로 우연적으로 결정된다면⋯⋯ 1톤의 밀이 1그램의 금과 교환될지 아니면 1킬로그램의 금과 교환될지가 밀이나 금에 내재하는 조건들에 조금도 의존하지 않고 이 두 개와는 전혀 무관한 사정에 의존하게 된다."[54] 엥겔스는 상품의 가격이 상품의 생산조건과 무관하게 멋대로 결정되는 게 아니라고 말한 겁니다. 일정한 가격변동이 허용됨에도 가격변동의 기준점 내지 평균값으로서 가치(가치가 그대로 전형된 가격)가 역할을 한다는 이야기죠.

그러나 더 중요한 것은 현상의 논리적 발생순서입니다. 정운영이 이 점을 잘 지적했는데요. 앞서 말한 것처럼 우리에게 나타나는 구체적 분석 대상은 시장가격입니다. 따라서 분석은 시장가격에서 시작하고 가치를 향해 나아갑니다. 그러나 분석의 순서가 그렇다고 해서, 가치에서 가격, 단순가격에서 시장가격으로 전개되는 '논리적 과정'을 무시해서는 안 됩니다. 가치론으로 설명할 수 있는 시장가격이 실제 가치의 95

퍼센트를 반영하든 50퍼센트를 반영하든 상관없이 가치는 가격에 논리적으로 선행하기 때문입니다.[55]

　　이는 내가 이 시리즈 1권에서 말한 마르크스의 연구순서와 서술순서의 차이를 연상시키지요. 연구(분석)가 현상에서 시작해서 원인 쪽으로 나아간다면, 서술은 원인 쪽에서 결과 쪽으로, 다시 말해 현상이 발생하는 논리적 순서로 쓰입니다. 마르크스가 『자본』 I권에서 던지는 물음은 '가치와 가격의 괴리를 어떻게 해결할까?'가 아닙니다. 그가 우리에게 보여주고 싶어하는 것은 '왜 자본주의에서는 가치와 가격의 괴리가 생겨날 수밖에 없는가'입니다. 그런 현상들이 어떻게 생겨나게 되는지를 가치형태론과 가격형태론으로 보여주는 것이죠.

　　　　　　　　。당신의 양심은 얼마짜리인가

마르크스주의 경제학자들은 오랫동안 가치와 가격의 괴리에 대해 열띤 논쟁을 벌여왔습니다. 소위 '전형문제'(transformation problem)를 둘러싼 논쟁인데요. 하지만 방금 말한 것처럼 『자본』 I권에서 이 문제는 해결의 대상이 아니라 해명의 대상입니다. 왜 이런 문제가 생겨날 수밖에 없는지를 보여주는 거죠. 내 생각에 마르크스는 이 문제를 곤혹스러워하기보다 당연시하고 심지어 흥미로워합니다. 마르크스가 볼 때 가치량의 비율과 가격의 불일치는 이상한 일이 아닙니다. 앞서 내가 너무 산만하게 이야기를 전개한 건 아닌가 걱정인데, 원리상 괴리의 이유는 전혀 복잡하지 않습니다.

한편으로 상품의 가치량은, 우리가 이미 『자본』 제1장에서 확인한 것처럼, 그 상품을 생산하는 데 필요한 사회적 노동량(사회적 필요노동시간)으로 결정됩니다. 마르크스는 여기에 '필연적'(notwendiges)·'내재적'(immanentes)이라는 수식어를 붙였습니다.[김, 133; 강, 169] 그런데 다른 한편으로 상품의 가치량은 그 자체로 나타날 수 없습니다. 다른 상품과의 교환 비율로 나타나야 합니다. 화폐상품과 교환비율로 나타날 때 그것을 가격이라 불렀지요. 그런데 마르크스는 여기에는 '외재적'(außer)이라는 수식어를 붙였습니다.[김, 133; 강, 169] 말하자면 상품의 가치는 그것을 생산하는 데 필요한 사회적 노동시간과 내재적 관계를 맺지만 가격은 해당 상품과 교환되는 화폐상품과 외재적 관계를 맺습니다.

그런데 가치의 내재적 결정과 가격의 외재적 결정은 메커니즘이 아주 다릅니다. 물론 가치가 내재적으로 결정된다고 해서 그것이 개별 생산자에 달렸다는 뜻은 아닙니다. 가치는 '사회적'으로 결정되지요. '사회적'이라는 것은 익명의 생산자들이 여럿 존재한다는 뜻입니다. 똑같은 상품을 만드는 사람들이 많다는 거죠. 이들의 경쟁을 통해 상품생산에 필요한 사회적 노동량이 정해집니다. 이를테면 평균값 같은 것이죠. 이것이 가치의 내재적 결정 과정입니다.

반면 가격은 똑같은 상품이 아니라 다른 상품과의 관계입니다. 화폐상품을 포함해 모든 상품들의 가치는 각각 내재적으로 결정되지만 상품들 사이의 관계는 그렇지가 않지요.

동일한 상품들과의 경쟁을 통한 가치의 결정은 내재적이지만 다른 상품들과의 교환인 가격은 그렇지 않습니다. 마르크스는 이 비율의 결정을 두고 외재적이라고 한 겁니다. 외재적이라는 것은 다양한 간섭현상이 일어날 수 있다는 뜻이죠. 한 상품의 가치는 내재적으로 결정되더라도 외재적으로, 즉 다른 상품으로 표현되어야 합니다. 그것이 가치형태론이 함의하는 바였습니다. 그런데 가치 결정이 내재적이지 않고 외재적인 한에서 간섭현상은 피할 수 없습니다. 다양한 외부 사정을 반영하는 편차가 나타나는 것이지요.

그런데 마르크스는 이를 결함(Mangel)이기는커녕 오히려 자본주의 생산양식에 '적합한 형태'라고까지 말합니다. 자본주의는 규칙이 "불규칙성 사이의 맹목적 평균법칙으로 관철"되는 생산양식이기 때문입니다.[김, 133; 강, 170] 여기서 '맹목적 평균법칙'(blindwirkendes Durchschnittsgesetz)이라는 말을 눈여겨봐둘 필요가 있습니다. 자본주의사회에 대한 마르크스의 시각이 잘 드러나 있는 문구입니다. 개인적으로는 맹목적으로 행동하지만 전체적으로는 법칙의 성격을 갖는다는 뜻인데요. 여기서 말하는 법칙이란 '통계학적인 것'입니다. 평균과 편차를 가진 통계적 분포 곡선을 떠올리면 되겠습니다(참고로 우리는 시리즈 1권 『다시 자본을 읽자』에서 정치경제학과 통계학의 연관에 대해 살펴본 바 있고, 2권 『마르크스의 특별한 눈』에서 상품의 가치와 관련해 '평균'이라는 말이 갖는 의의를 확인한 바 있습니다).

그런데 마르크스는 가격과 가치량의 편차가 심해지면 가격이 가치량과 너무 무관해져 아예 가치가 없는 것에 대한 가격도 생겨날 수 있다고 말합니다.[김, 133; 강, 170] 여기서 가치가 없다고 말한 것은 일상적 의미에서 하는 말은 아니고요. 상품이 아니라는 의미입니다. 가치척도로서 화폐를, 가치 없는 것 즉 상품도 아닌 것의 가치를 재는 데도 남용하는 일이 생긴다는 겁니다. 이를테면 양심이나 명예에도 가격이 붙습니다. 당신은 양심을 얼마에 팔 것인가? 마치 양심을 상품처럼 거래하려는 관행이 나타난다는 것이지요.

　딸아이가 예전에 즐겨 듣던 인디 가수 중에 '달빛요정역전만루홈런'이 있는데요. 그가 부른 노래 중에 〈입금하라〉가 있습니다. 정의를 부르짖는 양심조차 싸구려 상품이 되고 말았음을 비꼬는 곡입니다. "정의가 있네 없네 잘난 척하고 있지만/1억만 주면 닥칠 것이다/입금하라 정말로 닥치는지." 누군가는 1억 원만 통장에 입금해주면 양심을 팔아넘길 준비가 되어 있고, 누군가는 10억을 주면 되고…… 또 모르죠, 누군가는 수백만 원으로도 충분할지.

　양심이나 명예는 분명 상품이 아닌데 그 소유자가 판매용으로 내놓을 수 있습니다. 좀 이상한 말이지만 상품처럼 파는 것이죠. '뇌물'이 전형적 예죠. '뇌물'은 지멜의 말처럼 인격을 상품처럼 파는 겁니다. 그는 뇌물에 대해 "인격이 '돈으로 매수될 수 있는가 없는가' 아니면 싸게 혹은 비싸게 매수되는가 하는 원칙에 따른 인간 매매"라고 했습니다.[56] 예진에 어디서 들은 이야기인데 얼마나 신빙성이 있는지 모르겠지만, 뇌물에도 시장이 형성되어 있다더군요. 지위나 사안에 따라 대강의 액수가 책정되어 있다는 거죠. 그렇게 되면 마르크스의 말처럼 양심이나 명예나 인격이 "가치를 가지지 않으면서도 가격을 가질 수 있"습니다. 물론 이 가격은 상상적인 겁니다. 마르크스는 이를 수학의 '허수'에 비유했는데요.[김, 133; 강, 170] '허수'를 영어로 'imaginary number'라고 하죠. 말 그대로 가상의 수입니다.

양심이나 명예와는 조금 다른 경우도 있습니다. 이를테면 미개간지에 가격을 책정하는 것이지요.[김, 133; 강, 170] 미개간지라면 아직 인간노동이 투여되지 않았다는 뜻입니다. 그렇다면 가치가 없죠. 즉 상품이 아닙니다. 하지만 양심이나 명예와 달리 미개간지에 붙은 가격은 현실의 가치관계가 어느 정도 투영된 것입니다. 다만 그것이 잘 드러나지 않았을 뿐이지요. 오늘날에는 인간의 손길이 전혀 닿지 않은 미개간지가 거의 없습니다. 오히려 도시의 낙후된 지역들이 있지요. 상대적 미개발지들 말입니다. '저 동네 개발하면 얼만데' 하며 입맛을 다시는 개발업자들이 있을 겁니다.

마르크스가 '가치척도'에서 끌어내는 이야기들은 우리 마음을 참 쓸쓸하게 합니다. 사람을 볼 때도, 땅을 볼 때도, 심지어 행성을 볼 때도 '저거 얼마짜리일까' 하는 생각을 떠올리는 것. 모든 사물들에 가격표를 붙이려 들고, 가치눈금이 새겨진 눈으로 사물들과 세상을 보는 것. 여기가 자본주의죠. 여러

분, 자본주의에 오신 걸 환영합니다.

。됐고, 네 주머니에 그게 있는가 없는가?

그런데 아무리 가난한 사람도 천문학적 돈을 가질 수 있는 관념의 세계는 여기까지입니다. 이건 얼마짜리 저건 얼마짜리 하는 가격표야 얼마든지 붙일 수 있습니다. 가치척도인 한에서 우리 정신의 금고에는 돈이 넘쳐납니다. 그런데 이 돈으로는 연필 한 자루도 내 주머니 속으로 이동시킬 수 없습니다. 가게주인은 우리가 내미는 '관념적 화폐'를 받아주지 않습니다. 문구점의 연필을 내 수중으로 옮기려면 나 역시 문구점 주인에게 무언가를 주어야 합니다.

가격형태로 있을 때, 다시 말해 가치척도이고 계산수단인 한에서 화폐는 머릿속에 있는 것으로 충분합니다. 하지만 물건과 교환하려면, 다시 말해 교환수단이자 유통수단인 한에서는 '다른 화폐'를 써야 합니다. '기능적 현존'이라는 말을 다시 떠올려볼까요. 가치척도인 화폐가 아니라 유통수단인 화폐를 꺼내야 하죠.

마르크스의 말을 그대로 인용해볼게요. "상품에 가격을 부여하려면 상상적인 금을 상품에 등치시키면 되지만, 상품이 그 소유자에게 일반적 등가물로 기능하기 위해서는 실제 금으로 대체되어야 한다."[김, 134; 강, 171] 가격을 책정할 때는 상상적 금으로도 되지만 해당 상품을 교환하고자 한다면 실제 금을 내놓아야 한다는 말입니다.

상품은 제 몸(Leib)을 관념과 바꾸지 않고 다른 몸과 바꾸길 원합니다. 상품 속 영혼은 자기 몸을 떠나 다른 상품으로 들어갈 수 있지만 몸이 없는 것에는 들어가지 않습니다. 그러므로 실제로 몸을 갖지 않은 금에는 상품의 영혼이 옮겨 갈 수 없습니다. 말하자면 몸을 갖지 않은 화폐는 교환수단이 될 수 없습니다. 그러니 상품들의 교환수단으로서 쓰일 때는 가치척도로서의 화폐와는 다른 화폐가 필요한 것이죠.

방금 제가 영혼이니 신체니 하는 조금 위험해 보이는 비유를 썼습니다만 마르크스의 생각에서 많이 벗어났다고 보지는 않습니다. 마르크스는 상품이 현물형태 즉 자기 몸을 벗어버리고 현실의 금으로 전화되는 것을 가리키며 '변신하다'(verwandeln)라는 동사를 썼는데요. 이는 앞서 말한 것처럼 경제학자들이 '전형'이라고 옮기는 단어이기도 하고, 이 시리즈의 다음 권인 4권에서 우리가 다룰 『자본』 제2편 '화폐의 자본으로의 전화'에서 '전화'라고 옮기는 'Verwandlung'의 동사형이기도 합니다.

나는 이 단어의 의미를 경제학자들이 이해하는 것보다 훨씬 넓게 받아들여야 한다고 생각합니다. 시리즈 2권에서 '상품'을 다루면서 나는 상품의 유령적 성격을 부각하기도 했고 마르크스가 상품 물신주의를 '종교'에 비유했다는 말도 했습니다. 이번에도 마르크스는 상품이 화폐로 몸을 갈아타는 과정을 지칭하려 'verwandeln'이라는 동사를 쓰면서 이를 기독교에서 '성체변화'를 지칭할 때 쓰는 단어인 'Transsubstantiation'로 다시 바꿔 쓰고 있습니다.[김, 134; 강, 170] 그러고는 또 "헤겔의 '개념'에서 필연으로부터 자유로 이행하는 것 혹은 가재가 껍질을 벗어버리는 것 혹은 교부 히에로니무스[성 제롬]가 아담의 원죄에서 벗어나는 것"에 빗대고 있습니다.[김, 134; 강, 170] 말하자면 철학적 개념 변화, 생물학적 변태, 종교적 성체변화에 견준 것입니다.

그나저나 이제 관념의 화폐가 아닌, 신체를 가진 화폐를 내놓아야 할 때라고 했는데요. 마르크스는 여기서 단테의 『신곡』 한 구절을 인용합니다. 베드로가 한 말이지요. "이 돈의 품질과 무게는 이미 검사를 받았다. 그러나 말해보라, 그것이 네 주머니에 있는가 없는가."[김, 134; 강, 171] 이쯤 되면 은근슬쩍 넘어갈 수가 없습니다. 관념을 주고 사물을 가져갈 순 없다는 것이지요. 상품소유자는 우리에게 말합니다. "됐고, 그게 네 주머니에 있는지 없는지만 말하라."

가치척도로서의 화폐는 여기까지입니다. 내 머릿속에 황금송아지가 있어도 내 주머니에 땡전 한 푼 없다면 더는 나아갈 수 없습니다. 물론 우리는 압니다. 애초 금이 가치척도의 역할을 할 수 있었던 것은 그것이 현실에서 상품으로 존재하고 있었기 때문이라는 걸요. 신체를 가진 화폐상품으로 존재하고 있었기에 금은 관념적 가치척도 역할도 할 수 있었다는 것 말입니다.[김, 135; 강, 171]

5

상품과 화폐의 순탄치 않은 사랑
———
유통수단으로서 화폐

이제 공동체는 없습니다.

생존은 철저히 개인에게 맡겨져 있습니다.

아무도 곁을 돌보지 않습니다.

누군가 굶어 죽는다면 그 자신의 책임입니다.

좋게 말하면 제 하기 나름이죠.

개인들은 상품의 사적 소유자이며

상품의 사적 생산자들입니다.

그런데 문제가 있습니다.

이게 자족적 삶은 아니라는 겁니다.

상품은 개인이 생산하지만

그 가치는 사회적으로 결정됩니다.

한편으로는 서로 독립해 있는데 또 한편으로는

상품과 화폐를 매개로 묶여 있습니다.

페트루스 크리스투스, 〈금세공 작업장의 성 엘리기우스〉, 1449.
상품거래를 매개하기 위해서라면 굳이 금속이 필요할까? 게다가 금속주화는
몇 가지 문제가 있었다. 사람들의 손을 거칠 때마다 양질의 금화는 사라지고
저질 주화가 나타났다. 주화의 테두리를 갈아 금가루를 털어내기도 했는데,
주화를 만들던 금은세공업자들이 이런 일을 많이 했다.

화폐의 두 번째 기능적 현존은 '유통수단'입니다. 유통이란 상품의 흐름이죠. 홉스가 국가를 그렇게 상상했듯이 사회를 하나의 거대한 신체로 상상한다면 유통수단은 영양분을 나르는 혈액에 비유할 수 있을 겁니다. 사람들에게 필요한 물건을 공급하는 것이죠. 그래서 마르크스는 상품교환이 이루어지는 유통을 "사회적 물질대사"(Stoffwechsel)라고 불렀습니다.

∘ 아마포 직조공과 애주가의 거래

이제 교환의 현장인 시장으로 가볼까요. "한 상품소유자, 이를테면 우리의 옛 친구 아마포 직조공과 함께 교환과정의 무대인 시장에 가보자."[김, 136; 강, 173] 나는 『자본』의 이런 생동감 있는 문체를 좋아합니다. 학술서적이 아니라 연극대본 같은 느낌이에요. 미장센을 볼 수 있습니다. 실제로 마르크스는 시장을, 연출 무대를 의미하는 '신'(Szene)으로 부릅니다.

등장인물 중 제일 반가운 사람은 아마포 직조공입니다. 이미 『자본』 제1장에서 아마포는 최다 출현 상품이었지요. 상품의 대명사였습니다. 이제야 우리는 아마포의 제작자이자 소유자인 사람을 만났습니다. 지금부터 우리는 그의 뒤를 밟습니다. 그런데 무대에는 또 하나의 인물이 오릅니다. 타락한 목사인지 신앙을 잃은 신도인지는 모르겠지만 성경책을 팔러 온 사람입니다.

마르크스는 이들을 이렇게 묘사합니다. 우리의 친구 아마포 소유자는 "성실하고 정직한 사람"이라고요.[김, 137; 강,

173] 그는 아마포를 팔아 성경책을 사러 왔습니다. 그런데 교환의 또 다른 당사자인 성경책 소유자는 "차가운 책보다는 뜨거운 위스키"를 갈구하는 사람입니다.[김, 146; 강, 182] 알코올중독자이거나 적어도 '생명의 샘물'보다는 술을 더 좋아하는 애주가죠.

서로 원하는 것도 다르고 기질도 다른 두 사람 사이에 거래가 이루어질 수 있을까요? 시장에 오자마자 아마포 소유자는 심각한 문제에 봉착합니다. 왜 하필 저런 인간이 성경책을 들고 있는 걸까요? 우리의 친구는 성실하고 정직하기는 한데 소심하거든요. 그는 "위스키, 위스키!"를 외치는 다혈질의 성경책 소유자에게 말이라도 걸어볼 수 있을까요? 마르크스는 정말 타고난 이야기꾼임에 틀림없습니다.

물물교환이 쉽게 이루어질 줄 알았는데 그렇지가 않네요. 우리는 지금 '욕구의 우연적 이중일치'라는 문제를 보고 있습니다. 교환이란 내가 원하는 물건을 가진 사람이 우연히도 내가 가진 물건을 원할 때 가능합니다. 그런데 이럴 가능성이 얼마나 될까요? 성경책을 든 인물이 운 좋게도 아마포를 찾는 경우 말입니다. 이미 일은 글러먹은 것 같습니다. 소심한 우리의 친구가 그 작은 가능성을 타진도 해보기 전에 상대방은 아마포는 거들떠보지도 않고 "위스키, 위스키!"를 목청껏 외쳐대고 있으니까요.

어떻게 해야 할까요? 다행히 우리의 친구는 해결책을 알고 있습니다. 아마포를 들고 가서 그에게 말을 걸어봐야 핀잔을 듣거나 성질만 돋우겠죠. 해결책은 '화폐'입니다. 교환수단으로서 화폐가 필요한 순간인 거죠. 상품과 상품 즉 아마포와 성경을 바꾸려면 먼저 상품을 화폐로, 즉 아마포를 금으로 바꾸어야 합니다.

우리의 친구 아마포 소유자는 20미터의 아마포를 들고 가서 2파운드스털링(Pfd.St., 이하 '파운드')과 교환했습니다. 그리고 이 2파운드를 성경책 소유자에게 내밀었죠. 성경책 소유자는 아마포에는 아무런 관심도 없었지만 2파운드에 대해서는 그렇지 않았습니다. 이렇게 해서 아마포 소유자는 성경책을 껴안고 집으로 올 수 있었습니다. 그날 밤 그는 신앙의 갈증을 충족했지요. 성경책 소유자도 2파운드로 위스키를 구해 콧노래를 부르며 집으로 왔습니다. 그러고는 생명의 샘물보다도 화끈한 위스키를 마시며 기분 좋은 밤을 보냈습니다.

　　　　　　　º 두 번의 탈바꿈―'상품→화폐→상품'
우리의 친구는 드디어 아마포와 성경책을 바꾸었습니다. 아마포와 성경책이 교환되는 동안 두 번의 '탈바꿈'(Metamor-phosen)이 있었습니다. 아마포가 화폐로 한 번 변신(Verwand-lung)했고, 다시 화폐가 성경책으로 변신했지요.[김, 137; 강, 174]

　　　상품―화폐―상품

　　　W―G―W

이게 유통입니다. 유통에서는 상품과 화폐가 반복해서 교환됩니다. 한편으로 이것은 화폐를 매개로 해 상품들이 계속 바뀌는 과정으로 볼 수 있습니다. 상품소유자들은 자신에게 필요 없는 물건을 내놓고 화폐로 바꾼 뒤 자신에게 필요한 물건을 찾아갑니다. 그러면 해당 상품은 유통에서 빠져나가겠지요. 그런데 이것은 다른 한편, 영양분을 받고 내보내는 혈액처럼 화폐가 외부에서 들어온 상품들을 받아들이고 다시 외부로 내보내는 과정으로 보이기도 합니다. 전자가 상품을 중심에 두고 유통을 본 것이라면 후자는 화폐를 중심에 두고 유통을 본 것입니다.

마르크스는 이런 분석을 정말 잘합니다. 똑같은 과정을 반복해서 살펴봅니다. 하지만 다른 관점에서 분석하고 새로운 의미를 이끌어내지요. 『자본』 제5장(영어판 제7장) '노동과정과 가치증식과정'(우리 시리즈의 5권에서 다룹니다)에서도 그런데요. 마르크스는 상품이 제조되는 동일한 과정을 한 번은 노동과정으로 분석하고 또 한 번은 가치형성과정으로 분석합니다. 여기서도 마찬가지입니다. 그는 유통과정을 한 번은 상품유통의 측면에서, 또 한 번은 화폐유통의 측면에서 읽어냅니다. 자, 이제 그가 무엇을 읽어냈는지 자세히 볼까요.

○상품의 목숨 건 도약──마르크스는 상품유통 장면을 둘로 쪼갭니다. 하나는 '상품–화폐'(W-G), 다른 하나는 '화폐–상품'(G-W)입니다. 앞서 말한 두 번의 '탈바꿈'을 각각 따로 적은

겁니다. 전자는 상품을 주고 돈을 받았으니 '판매'라 하고, 후자는 돈을 주고 상품을 받았으니 '구매'라 할 수 있겠지요. 대단한 이야기는 아닙니다. 상품유통이란 '판매'와 '구매'로 이루어진다, 이런 말이니까요. 이를 하나씩 음미해보겠습니다.

먼저 첫 번째 탈바꿈 '판매'에 대해 살펴볼까요. 우리는 앞 장, 그러니까 '가치척도로서 화폐'를 이야기했던 그 끝 장면에서 이야기를 시작할 수 있을 것 같습니다. 관념적 금, 상상적 금이 더 나아갈 수 없는 곳, '머릿속 화폐'가 아니라 '주머니 속 화폐'를 검사받아야 하는 장면 말입니다. 판매자 입장에서 말해보면 이렇습니다. 'x량의 상품 A'의 가치는 'y량의 금'이라고 말하는 것과 정말로 누군가에게 'y량의 금'을 받고 상품을 파는 것은 다른 문제입니다. 둘 사이에는 심연이 가로놓여 있습니다.

상인들은 상품 이마에 붙여놓은 가격표가 곧 돈이 아니라는 걸 압니다. 수학자라면 소리 없이 등식을 입증하면 그만이겠지만 상인들은 고래고래 소리를 질러야 합니다. 상품은 침착할 수 있지만 상품소유자는 그럴 수 없지요. "상품의 가치가 상품의 신체에서 금의 신체로 건너뛰는 것은…… 상품의 목숨 건 도약(Salto mortale)이다. 만약 이 도약에 실패한다면 상품 자체로서는 고통스러울 것이 없으나 상품소유자는 분명 고통스러운 일이다."[김, 138; 강, 174]

○잡히면 함께 죽는다──그런데 사정이 상품소유자에게 그리

녹록지 않습니다. 그가 그토록 갈망하는 주머니 속 돈은 어떻든 타인의 것이니까요. 나는 타인이 내 상품을 욕망하기를 간절히 욕망합니다. 과연 타인은 내 상품을 원할까요? 내 상품을 유용하다고 생각할까요? 문제는 그것이 내 통제권 바깥에 있다는 겁니다.

아마도 내 아마포는 외투를 만드는 사람들에게 필요할 겁니다. 농작물로서 아마를 재배하는 농부부터 외투의 제작자까지 아마포는 사회의 거대한 분업 시스템 안에 있습니다. 하지만 나는 외투 제조업자가 세상에 얼마나 많은지도 모르고 그들이 얼마나 많은 아마포를 필요로 하는지도 모릅니다. 그뿐 아니라 세상이 어떻게 변해가고 있는지도 모릅니다. 어쩌면 아마포 소재의 외투들이 사라져가고 있을지도 모르지요. 어딘가에서 다른 소재로 만든 외투가 불티나게 팔리기 시작했을 수도 있어요.

이런 전망은 미래학자들에게 맡겨두더라도, 문제는 또 있습니다. 아마포를 파는 사람이 나 혼자가 아니라는 거죠. 아마포를 필요로 하는 사람이 나타났다 해도 다른 아마포 제조공이 먼저 팔아버리면 그만입니다. 도대체 우리의 친구는 어떻게 해야 할까요. 별수 없습니다. 이런저런 생각을 할 때가 아닙니다. 지금 당장 소리부터 질러야죠. "여기 세상에서 제일 좋은 아마포가 있어요. 원가도 안 되는 가격에 팔아요!"

'원가도 안 되는 가격'이라고 한 건 너무했네요. 우리 친구는 성실하고 정직한 사람이니 정가대로 판다고 합시다. 디

행히 그는 "사회적으로 필요한 평균 노동시간만 지출"해서 아마포를 만들었습니다. 그래서 그 가격을 받으려 합니다. 아뿔싸, 불행의 목록이 아직 끝나지 않았네요. 우리 친구가 모르는 사이에 기술혁신이 일어나 다른 아마포 공장에서는 아마포를 더 짧은 시간에 더 많이 생산할 수 있게 되었다는군요. 어제까지는 우리 친구의 것이 '사회적 평균'이었는데 오늘부터는 사회적 필요노동시간이 더 줄어들었습니다. 오늘 그의 아마포를 보고 구매자들이 비싸다며 수군댄 것은 그런 사정이었던 거죠. 성실하고 정직한 우리의 친구는 억울했지만 구매자들의 말도 틀린 것은 아닙니다.

마르크스는 아마포 직조공에게 위로의 말을 건넵니다. "우리 친구에게 불행한 일은, 세상에는 동업자가 많다는 사실이다."[김, 139; 강, 176] 세상에 경쟁자가 너무 많습니다. 나만 배추를 뽑아 온 줄 알았는데 옆집 김씨도, 앞집 이씨도 배추를 뽑아 왔습니다. 이웃인데 전혀 반갑지가 않습니다. 도대체 왜 오늘 나온 거야! 서로를 원망하는 눈으로 보겠지요.

자본주의사회에서는 흔한 풍경입니다. 호떡집 하나가 잘되면 얼마 지나지 않아 그 골목에 호떡집이 즐비합니다. 글쎄요. 보통은 누군가가 나랑 같은 일을 한다고 하면 기뻐야 할 텐데 말입니다. 『자본』을 함께 공부하는 사람이 많으면 기쁜 일 아닌가요? 그런데 그게 '상품'이 되면 다릅니다. 나처럼 『자본』에 관한 책을 쓰는 사람이 많다면 『자본』에 관한 책을 쓰고 있는 내 기분은 어떨까요. 이것이 자본주의입니다.

재밌다고 할까요, 슬프다고 할까요. 내가 그토록 멀리 떨어져 있고 싶은 동업자들과 떨어져 지내기가 쉽지 않습니다. 설령 내가 공간적으로 멀리 떨어진 곳에서 아마포를 판다 해도 운명의 사슬은 우리를 완벽하게 엮습니다. 나는 내 일을 할 뿐인데도 운명은 그렇지가 않습니다. 만약 너무 많은 사람들이 아마포 생산에 뛰어들면 어떻게 될까요? 누가 먼저 뛰어들었고 누가 나중이냐는 중요하지 않습니다. 시장에서 흡수할 수 있는 아마포보다 많은 아마포가 생산될 경우, 그러니까 "사회적 총노동시간 중 너무 많은 부분이 아마포 직조 형식으로 지출되었다면"[김, 139~140; 강, 176] 그 책임은 모두가 함께 져야 합니다. 마치 최근 한국의 편의점 수가 폭증하면서 일고 있는 사태와 같죠. 먼저 그 업종에 종사했던 사람이라고 해서 책임이 줄지 않습니다. 그로 인한 가혹한 운명은 모두의 것입니다.

내가 생산한 아마포는 사회 전체가 생산한 아마포의 한 조각인 것처럼 취급됩니다. 내가 아마포를 더 생산한 게 아니어도 사회 전체가 과잉생산했다면 나도 과잉생산한 것으로 간주됩니다. 전체 과잉생산의 책임을 나누어 지는 거죠. 사회 전체를 하나의 거대인간으로 보면 유통은 혈액과 같다고 했죠? 『자본』제1장(〈북클럽『자본』〉2권)에서는 노동자들을 동일한 하나의 인간에 비유하기도 했고요. 그런데 여기서는 생산물을 "단 한 개의 거래품목"으로 여깁니다. 거대한 아마포 한 장을 모두가 생산한 것처럼 생각하는 거죠. 여러 사람이 여러 조건에서 아마포를 생산했지만 모든 아마포들은 하나의 아마포로서 "사회적으로 규정된 동질의 인간노동량이 대상화된 것일 뿐"입니다.[김, 140; 강, 176]

서로 사이가 좋지 않은 동업자들이 동일한 운명을 나누어 갖는다는 게 인상적입니다. 독일에 이런 속담이 있다고 하네요. "함께 잡히면 함께 죽는다"(Mitgefangen, mitgehangen). [김, 140; 강, 176] 사실은 이런 표현이 더 정확할 겁니다. 누구든 잡히며, 모두가 죽는다. 상품의 생산과 유통에 관한 불행은 동종업자 모두에게 닥칩니다. 그 앞에서, 나는 과잉생산을 하지 않았다고, 나는 억울하다고 말해봐야 소용없습니다. 정직하고 성실하게 살아온 것은 자본주의에서 면책 사유가 되지 않으니까요.

'판매자의 삶'이라는 게 쉽지가 않습니다. 더 달라는 것도 아니고 딱 가치만큼만 받겠다는데도 이렇게 어렵습니다. 가치척도로서 화폐와 유통수단으로서 화폐의 차이가 바로 이런 거죠. 마르크스는 연극 대사를 읊듯 말합니다. "상품은 화폐를 사랑하고 있지만 '진정한 사랑의 길은 결코 순탄치 않다'."[김, 140; 강, 176]

여기서 우리는 상품사회, 부르주아사회의 중요한 단면을 볼 수 있습니다. 앞 장에서 말한 것처럼 이제 공동체는 없습니다. 생존은 철저히 개인에게 맡겨져 있습니다. 아무도 곁을 돌보지 않습니다. 누군가 굶어 죽는다면 그 자신의 책임입니다. 좋게 말하면 제 하기 나름이죠. 개인들은 상품의 사적 소유자이며 상품의 사적 생산자들입니다.

　그런데 문제가 있어요. 이게 자족적 삶은 아니라는 겁니다. 상품은 개인이 생산하지만 그 가치는 사회적으로 결정됩니다. 아마포 생산업자는 아마 재배자·외투 제작자와 연결되어 있습니다. 물론 이 연결은 생산자 개인으로서는 알 수가 없습니다. 그는 철저히 개인이니까요. 고립된 개인들을 매개하는 것은 상품과 화폐입니다. 상품과 화폐는 '매개적 관계', 이렇게 불러도 된다면 '매개된 사회성'입니다. 사람들은 상품과 화폐를 통해 관계를 맺습니다. 한편으로는 서로 독립해 있는데 다른 한편으로는 상품과 화폐를 매개로 묶여 있는 것이죠.

　생존은 혼자서 해결해야 하는데 운명은 그가 통제할 수 없는 사회적 관계에 달려 있습니다. 우리의 친구 아마포 직조공이 개인적 성실성만으로는 도저히 풀 수 없는 문제죠. 자본주의는 "상호 간의 독립성"과 "생산물을 통한 전면적 상호의존성"이 붙어 있는 사회입니다.[김, 140; 강, 177] 각자도생하라, 그러나 운명은 함께 맞는다! 이런 겁니다.

○화폐는 냄새가 나지 않는다──판매는 끝이 났습니다. 우리의 친구 아마포 직조공은 천신만고 끝에 아마포 20미터를 넘기고 돈 2파운드를 받았습니다. "상상적으로 표현된 금을 현실적으로 끌어"왔죠. 판매는 이렇게 종료됐습니다. 그럼 이제 거래의 나머지 반쪽, 구매로 넘어가볼까요. 우리의 친구가 구매자로 나서는 제2막이 시작됩니다.

구매한다는 것은 상품에 대한 소유권을 넘겨받는 겁니다. 화폐라는 매개를 거쳐 소유권 전환이 일어납니다. 화폐가 상품으로 탈바꿈하지요. 가치는 같지만 겉모습이 크게 바뀝니다. 바뀐 것은 모양만이 아닙니다. 무엇보다 냄새가 달라졌습니다. 정확히 말해 돈과 상품의 냄새가 달라진다기보다는 상품이 화폐를 거치면 냄새가 바뀌는 겁니다. '돈세탁'이라는 말이 있는데요. 부정한 돈을 문제없는 돈으로 바꾸는 것이지요. 그런데 사실은 '돈' 자체가 세탁입니다. 상품에 배어 있는 냄새와 얼룩을 지우거든요.

마르크스의 말을 인용해볼게요. "상품은 화폐가 되면 그 자체는 사라져버리므로 화폐만을 보아서는 그것이 어떻게 소유자의 손에 들어왔는지, 무엇이 그것으로 전환되었는지 알 수가 없다. 화폐가 어디로부터 왔든 화폐는 냄새가 나지 않는다."[김, 143; 강, 179~180] 우리의 친구가 아마포를 팔고 얻은 2파운드에는 '이거 아마포랑 바꾼 거예요'라는 표시가 없습니다. 화폐는 일반적 등가물이니까 무엇과도 바꿀 수 있죠. 그전에 무엇과도 바뀌었을 수 있고요. 그러니 과거를 지우는 데 돈만큼 확실한 것은 없습니다.

방금 인용한 마르크스의 문장에서 내가 재밌게 본 것은 "화폐는 냄새가 나지 않는다"라는 표현입니다. 구매란 화폐를 통한 소유권 이전인데요. 소유권과 냄새, 화폐의 관계가 눈에 띕니다. 예전에 연구공동체 '수유너머'에서는 "흔적을 남기지 말라"라는 말을 많이 했습니다. 여기서 '흔적'은 개인들의 물건을 뜻하기도 하지만 근본적으로는 사적 체취 같은 겁니다. 거기서는 연구실 책상을 모두가 공유했는데요. 누군가 어느 책상에 자기 물건을 놓고 가거나 얼룩을 남기거나 책상을 자신에게 편한 방식으로 틀어놓는다거나 하면 다른 사람이 그 책상을 이용하기가 부담스럽습니다.

이는 공동의 것을 사유화하는 방식입니다. 모두가 먹는 샐러드를 독차지하는 방법이 있지요.[57] 침을 뱉으면 됩니다. 배설물을 이용해 체취를 묻히는 거죠. 자기 배설물은 자기에게는 아무렇지 않지만 타인에게는 지독한 냄새를 풍깁니다. 공간이든 사물이든 이렇게 하면 독차지할 수 있습니다. 이것은 동물들이 오랫동안 사용해온 방법입니다. 동물들은 틈이 날 때마다 몸을 부비거나 오줌을 눕니다. 배설물로 영역을 표시하는 거죠. 대지를 영토화하는 겁니다. 미셸 세르(M. Serres)는 이를 가리켜 '소유의 배변적 기원'이라고 했습니다. "자신의 똥은 좋은 냄새가 난다는 것, 이것이 소유의 근본 토대이다." 다른 짐승들은 역겨워 근처도 가고 싶지 않은 냄새가 자신에게는 아무렇지도 않다는 겁니다. 그런데 셰르는 여기에 재밌는 말을 덧붙입니다. "귀신 곡할 일은 돈에는 냄새가 없다는 것이다. 그것은 나의 것이다. 그것은 약간의 똥을 모아놓은 것이지만 냄새가 없다. 그것은 모두의 것이다. 그것은 깨끗한 것에 속하고 교환할 수 있다. 따라서 나는 돈을 주고 모든 것을 얻을 수 있다."[58]

화폐에서는 특정한 것의 냄새가 나지 않습니다. 물론 우리 자신에게 친숙한 냄새를 풍기지 않는다는 점에서 이방인의 느낌을 주지만 그렇다고 특정한 어떤 존재의 냄새를 풍기지도 않습니다. 그래서 공동체들 사이에서 화폐는 일반적 등가물이 될 수 있었을 겁니다. 소유화가 영토화와 깊이 관련된다면 화폐는 탈영토화에 사용될 수 있습니다(화폐는 탈영토적입니다). 누군가의 소유물을 다른 사람에게 넘겨 재소유화하려면 먼저 냄새를 지우는 일이 필요합니다. 이때 화폐가 역할을 하는 것이죠. 화폐로 이전의 체취를 지우는 겁니다.

○상품유통의 사회적 연결망──이렇게 해서 판매와 구매가 다 끝난 것처럼 보입니다. 우리의 친구 아마포 직조공은 성경책을 얻었습니다. 아마포를 팔아 돈을 구했고 그 돈으로 성경책을 샀으니까요. 돈은 한편으로는 아마포의 가치를 실현해주었고, 다른 한편으로는 아마포와 성경을 매개해주었습니다.

그런데 눈치 챘을지 모르지만, 무대에는 아마포 직조공과 성경책 소유자 둘만 있는 게 아닙니다. 그렇게 해서는 장면이 연출되지 않습니다. 아마포와 위스키의 거래가 성사되려면 최소한 세 사람이 나와야 하고요, 성경책 소유자가 뜨거운 위스키를 들이키는 것까지 보려면 네 사람은 있어야 합니다.

무슨 말이냐고요? 아마포를 성경책과 물물교환한 것이 아니니까요.[김, 146; 강, 182] '욕구의 우연적 이중일치' 문제를 기억할 겁니다. 성경책 소유자가 운 좋게 아마포를 갈구하던 사람일 가능성은 낮다는 거죠. 그래서 교환수단으로서 화폐를 필요로 했습니다. 아마포 직조공에게는 2파운드가 필요합니다. 이를 위해서는 아마포를 누군가에게 먼저 팔았어야 합니다. 이를테면 밀을 들고 온 농부한테 말입니다. 농부는 누군가에게 밀을 팔고 받은 2파운드를 아마포를 사는 데 썼습니다. 옷을 직접 지어 입을 생각이었던 모양입니다. 무대에는 농부가 올라와야 합니다. 그래야 아마포 직조공의 2파운드가 해명됩니다. 이 2파운드로 애주가에게 성경책을 구매합니다. 이렇게 되면 아마포 직조공의 일은 완수됩니다. 세 사람이 두 번의 매매 장면(농부–아마포 직조공, 아마포 직조공–성경책 소유자)을 연출하는 거죠.

여기서 아마포 직조공은 두 장면에 모두 출현했습니다. 역할은 반대였죠. 한 번은 판매자, 또 한 번은 구매자였으니까요. 이것을 묘사하는 마르크스의 말은 연출가의 지시처럼 들립니다. "제1막의 판매자는 제2막에서는 구매자가 되는데, 제2막에서 그에게 판매자로서 마주 대하는 사람은 제3의 상품소유자이다."[김, 145; 강, 181] 교환이 두 장면으로 나뉘어 연출되니, 판매와 구매가 두 번 들어가 항은 모두 네 개입니다. 한 사람이 겹치니 사람 수는 셋이고요. "한 상품의 탈바꿈 전체는 가장 단순한 형태에서도 4개의 끝과 3인의 등장인물을 필요로 한다"라는 마르크스의 말은 그래서 나온 겁니다.[김, 145; 강, 181]

상품교환이라는 게 두 사람이 만나 물건을 맞바꾸면 끝날 줄 알았는데 그렇지가 않은 겁니다. 아마포와 성경책의 교환처럼 단순한 형태에서도 꽤나 복잡한 연결망이 작동한다는 걸 알 수 있습니다. 우리가 초점을 아마포 직조공에 두어 그렇지 사실 교환은 계속해서 이어질 수 있습니다. 아마포 직조공은 농부에게 2파운드를 받았습니다만, 그 전에 농부는 밀을 누군가에게 팔고 2파운드를 받았을 겁니다. 그럼 그 누군가는 또 다른 누군가에게 무언가를 팔고 그 돈으로 농부에게서 밀을 샀겠죠. 성경책을 가진 애주가 쪽도 그렇습니다. 그는 위스키를 샀습니다. 그에게 위스키를 판 주류 판매업자는 2파운드로 또 무언가를 사겠지요. 이를테면 아이에게 줄 자전거를 살 수 있지요. 이런 식으로 보면 연결망이 무한정하다는 걸 알 수 있습니다.

상품유통이 단순한 물물교환과 어떻게 다른지가 여기서 확연히 드러납니다. 마르크스는 이 점을 날카롭게 지적했습니다.[김, 146; 강, 182] 물물교환은 두 물건의 소유권을 이전하는 순간 바로 끝납니다. 그러나 상품유통은 다릅니다. 상품 하나가 유통에서 나간다 해도(이를테면 성경책이 아마포 직조공 집으로 들어간다고 해도) 그것이 관여했던 유통은 계속 이어집니다. 상품의 자리를 화폐가 차지하고 다시 그 화폐의 자리를 다른 상품이 차지합니다.[김, 147; 강, 183]

상품유통은 상품교환의 개인적이고 국지적인 한계를 타파하는 동시에 교환의 '사회적 연결망'(gesellschaftlicher Naturzusammenhänge)을 계속 발전시킵니다. 아니, 애초 상품유통은 사회적 연결망을 전제하고 있습니다. 아마포 직조공이 아마포를 팔려면 농부가 이미 밀을 팔았어야 하니까요. 이런 상품유통의 관계망이 만들어져 있어야 아마포 직조공이 성경책을 구할 수 있습니다.

○공황의 그림자──상품생산자들의 사회적 연결망에 대해 말해주면 아마포 직조공은 안심할까요? 내일은 시장에 좀 편한 마음으로 나갈 수 있을까요? 시장에 나가본 게 처음이었다면 그럴지도 모르겠습니다. 하지만 우리의 친구는 예전에 하루를 공친 경험이 있습니다. 다른 직조공들은 아마포를 다 팔았는데 자신은 하나도 못 팔고 터벅터벅 집으로 돌아온 적이 있습니다. 만약 그가 상품유통에 대한 세(J. B. Say)의 법칙에 대해 듣는다면 어떻게 말할까요.

마르크스가 그의 마음을 대변해주듯 말합니다. "모든 판매는 구매이고 모든 구매는 판매이기 때문에, 상품유통은 판매와 구매 사이의 필연적 균형을 낳는다는 이론처럼 황당무계한 이론도 없다."[김, 147; 강, 183] 우리도 학교 다닐 때 많이 듣고 배운 이야기입니다. 수요곡선과 공급곡선이 일치하는 곳에서 균형가격이 형성된다는 그 이야기 말입니다. 수요가 늘면 가격이 더 높은 곳에서 공급곡선과 만나게 되고, 수요가 줄면 가격이 더 낮은 곳에서 공급곡선과 만납니다. 공급에 대해서는 그 반대죠. 어떻든 수요·공급에 따라 새로운 균형점이 만들어집니다.

그런데 마르크스는 왜 이것을 황당무계한 소리라고 했을

까요. 마르크스는 상품유통이 판매와 구매 사이의 필연적 균형을 낳는다는 말의 의미가 무엇이냐고 묻습니다. 만약 저 말의 의미가 "현실에서 행해진 판매의 수가 현실에서 행해진 구매의 수와 동일하다는 것이라면 아무 의미도 없는 동어반복"이라는 겁니다.[김, 147; 강, 183] 그렇죠. 100건의 매매가 있었다면 100건의 판매가 있었고 동시에 100건의 구매가 있었다고 해도 되니까요. 정말로 동어반복에 불과합니다.

그런데 저 말의 의미가 '판매'와 '구매'의 일치가 언제나 보장되어 있다는 것이라면 이야기가 다릅니다. 판매자가 언제나 구매자를 만난다고 생각한다면, 현실을 전혀 모르는 사람입니다. 만약 매매가 이루어졌다면 판매와 구매는 동일한 사안을 어느 쪽 입장에서 보았느냐 하는 차이밖에 없습니다. 한 사람의 판매는 다른 사람의 구매니까요. 오늘 버스에 승차한 사람과 하차한 사람의 수가 같다는 말처럼 의미가 없는 말입니다. 하지만 한 사람을 기준으로 보면 의미가 전혀 다릅니다. 아마포 직조공은 아마포를 판매하는 순간 자동으로 성경책을 구매하는 것이 아닙니다. 물물교환이 아닌 상품유통에서 그에게 판매와 구매는 두 개의 분리된 행위입니다. 마르크스가 아마포 직조공의 교환이 2막으로 이루어졌다고 말한 것은 이 때문입니다. 판매자로서 아마포 직조공은 필사적이었습니다. 만약 판매에 성공하지 못한다면 그의 아마포는 사실상 무용지물이 됩니다.[김, 147; 강, 183] 반면 구매자일 때 우리의 친구는 조금 더 여유를 가질 수 있습니다. 신앙심에서 나온 조급함만 갖고 있지 않다면 그는 곧바로 구매할 필요가 없죠. 일반적 등가물인 화폐를 가지고 있다면 말입니다.

　판매와 구매가 일치한다는 말은 어떤 점에서는 무서운 말입니다. 매매되지 않은 물건은 아예 논외이니까요. 아마포 직조공이 아마포를 판매하지 못했다면, 판매 숫자와 구매 숫자가 동일하다고 말할 때 그의 아마포는 거기 끼지 못합니다. "누군가 팔았다는 이야기는 누군가 샀다는 이야기야"라고 말하는 것은 우리 친구에게 전혀 위로가 되지 않습니다.

　여기서 교환수단(유통수단)으로서 화폐가 우리에게 말해주는 게 있습니다. 아마포 직조공이 아마포와 성경책을 바꿀 때 화폐가 매개한다는 것. 아마포 직조공에게는 그 화폐를 기준으로 '판매'와 '구매'가 분리된다는 것. 이것이 중요합니다. 판매와 구매, 판매자와 구매자가 분리되는 거죠. 그는 오늘 판매했지만 구매는 내일 할 수 있습니다. 동일한 인물이 아마포 판매자로서는 오늘 나타났지만 성경책 구매자로서는 모레 나타날 수 있습니다. 또 판매는 여기서 했지만 구매는 저기서 할 수도 있어요. 말하자면 판매자와 구매자가 시간적으로, 공간적으로 분리될 수 있습니다.

　여기가 문제입니다. 상품의 유통은 자본주의사회의 기본적 물질대사이자 가치대사입니다. 물자가 공급되는 방식이고 부가 유통되는 방식이라는 말입니다. 상품유통은 거래 즉 매매를 통해 이루어지는데요. 그것은 판매와 구매라는 두 계기로 분할됩니다. 그런데 문제는 이 두 계기가 서로 상부적이면서도 자립해 있다는 사실입니다.

물물교환이었다면 아마포와 성경책이 바뀌었을 겁니다. 그런데 이것을 화폐가 매개하는 순간, 아마포의 판매가 성경책의 구매로 이어진다는 보장이 없습니다. 판매와 구매가 따로 놀 수 있는 거죠. 둘이 시간적으로 또 공간적으로 얼마든지 분리될 수 있습니다. 상황이 여의치 않으면 판매자는 구매에 나서지 않을 수도 있습니다. 자기 물건은 팔면서 구매에는 나서지 않는 상황이 일어나는 겁니다.

여기서 마르크스는 자본주의사회의 커다란 위기, 즉 공황(Krise)의 가능성을 발견했습니다. 판매와 구매라는 "두 과정의 외적 자립화가 일정한 점까지 진행되면 그 내적 통일은 공황이라는 형태를 통해 폭력적으로(gewaltsam) 관철된다." [김, 148; 강, 184] 우리의 친구 아마포 직조공은 아마도 이 '폭력적으로'라는 말의 의미를 잘 알 겁니다. 피땀 흘려 창고에 쌓아둔 아마포더미가 갑자기 쓰레기처럼 되는 걸 본 적이 있을 테니까요. 농부는 배추밭을 갈아엎고 의류 제조업자는 옷을 일반 짐짝처럼 톤 단위로 묶어 땡처리를 합니다. 판매하지 못한 것은 구매되지 않은 것이고, 그럼 무용지물이니까요. 사용가치는 있으나 가치가 없는 것이고 사적 노동을 수행했으나 사회적 노동으로 인정받지 못한 것이죠.

중요한 것은 이 위기 즉 공황이 자본주의로부터 일탈한 것이거나 예외가 아니라는 겁니다. 상품유통의 형식을 취하는 한에서 이런 상업공황의 가능성은 항존합니다. 상품유통

원리에 내재한 것이기에 자본주의가 지속하는 한 이 가능성을 없앨 수 없습니다. 자본주의가 제대로 작동하지 않아서 생기는 위기가 아니라 자본주의가 작동하는 한에서 생겨날 수밖에 없는 위기입니다.

이 점에서 마르크스는 밀(J. S. Mill)과 세를 강하게 비판합니다.[김, 148, 각주 24; 강, 184, 각주 73] 이들이 단순한 생산물 교환과 자본주의에서 이뤄지는 상품유통의 차이를 전혀 모르고 있다는 거죠. 설령 과거 다른 생산양식에서도 '상품'들이 존재했다 하더라도 그것과 자본주의에서 이뤄지는 상품유통의 차이를 모른다면 공황이 왜 생겨나는지 이해하지 못한 겁니다.

특히 세는 상품의 공급이 그에 맞는 수요를 창출한다고 생각했기에 과잉생산을 인정하지 않았습니다. 국소적 불균형은 있을 수 있으나 전반적으로는 과잉생산이 존재할 수 없다고 봤죠. 판매되지 않아 폐기되는 상품들의 존재를 부정한 겁니다. 마르크스가 '판매자가 구매자를 시장에 데리고' 오는 이론이라고 조롱한 건 이 때문입니다. 세는 아마포를 쌓아두고 팔지 못하는 직조공이나 밭을 갈아엎는 농부의 사연이 자본주의사회에서 끊임없이 생겨나는 이유를 알지 못합니다. 이런 사연은 결코 예외적이거나 일시적인 것이 아닙니다. 그리고 이 여파는 몇 가지 조건들이 결부된다면 언제든 상품유통의 연결망을 타고 사회 전체로 확대될 수 있습니다.

앞으로 『자본』을 읽어가면서 우리는 이러한 공황 가능성을 계속 확인하게 될 겁니다. 공황들은 저마다 자본주의 생산 양식의 고유한 특징들과 결부되어 있기에, 각각의 공황 가능성을 이해하는 것은 곧 자본주의를 고유한 특성들에 따라 이해하는 것이기도 합니다. 이번에 우리는 그 하나를 만난 셈입니다.

◦ 유통에 필요한 화폐의 양은 얼마인가

지금까지는 유통과정을 상품의 측면에서 살펴보았습니다. 마르크스는 이 동일한 과정을 화폐의 측면에서도 살펴봅니다. 즉 유통을 상품유통이 아니라 화폐유통이라는 관점에서 보는 거죠. 화폐는 상품이 이동하는 것과 반대 방향으로 흘러갑니다. 상품이 오른쪽으로 가면 화폐는 왼쪽으로 갑니다.

앞서 우리는 상품의 유통이 무한정함을 보았습니다. 하지만 이는 상품 전체를 놓고 볼 때 그런 것이고, 각각의 상품은 그렇지 않습니다. 판매자의 손에 들려 잠시 들어왔다가 구매자의 손에 들려 금세 나갑니다. 아마포 직조공의 손에 들려 나간 성경책처럼 말입니다. 그럼에도 유통과정에서 물처럼 계속 흐르는 것은 화폐입니다[유통수단으로서 화폐를 우리가 '커런시'(currency) 즉 '통화'라고 부르는 것은 이런 이유입니다].

유통수단으로서 화폐는 유통영역에 계속 머물러 있습니다. 이 화폐가 어떤 상품 자리에 들어가면 해당 상품은 유통 바깥으로 빠져나갑니다. 그래서 유통은 원래 상품들이 교환되는 영역인데, 화폐를 중심에 두고 보면 유통의 주인은 화폐이고 상품들은 들락거리는 뜨내기처럼 보입니다. 상품유통이라는 게 화폐유통의 결과처럼 보이는 거죠.[김, 151; 강, 186]

그렇다면 유통에는 얼마나 많은 화폐가 머물고 있는 걸까요? 유통영역에는 얼마나 많은 유통수단이 필요할까요? 마르크스는 유통수단으로서 화폐량, 다시 말해 통화량을 계산하는 간단한 공식을 제시했습니다.

전혀 어렵지 않습니다. 통화량은 일단 그것이 매개하는 상품의 가격총액에 달려 있겠지요. 상품의 가격과 양이 얼마냐에 따라 거래에 필요한 화폐량이 달라질 겁니다. 그런데 변수가 하나 더 있습니다. 앞서 성경책 소유자가 위스키를 구입하는 데 사용한 화폐 2파운드가 아마포 직조공이 농부에게 받은 2파운드라면, 다시 말해 동일한 2파운드가 농부와 아마포 직조공, 아마포 직조공과 성경책 소유자, 성경책 소유자와 주류 판매업자의 거래 세 번을 매개했다면, 유통에 필요한 화폐량은 그만큼 줄어들 겁니다. 2파운드 돈으로 6파운드에 해당하는 상품거래를 성사시켰으니까요. 이처럼 유통에 필요한 화폐량은 동일한 화폐가 매개한 상품거래의 수에 반비례합니다. 그래서 다음과 같은 식이 성립합니다.[김, 156; 강 191]

$$\frac{\text{상품의 가격총액(PT)}}{\text{동일한 명칭의 화폐조각의 회전수(V)}} = \text{유통수단으로 기능하는 화폐량(M)}$$

(P는 상품가격, T는 상품의 양)

상품가격의 총액을 화폐의 회전수(화폐의 '유통속도'라고도 합니다)로 나누면 일정 기간 유통수단으로 기능하는 화폐량 즉 통화량을 구할 수 있습니다. 우리에게 익숙한 방식으로 공식을 다시 쓰면 M=PT/V 혹은 MV=PT라고 할 수 있습니다. 그런데 이 공식은 20세기 초의 경제학자 어빙 피셔(I. Fisher)가 주장한 물가 공식을 떠올리게 합니다. 피셔도 MV=PT라고 했습니다.

외견상 마르크스의 공식과 피셔의 공식은 같습니다. 하지만 공식을 통해 말하고자 하는 바는 아주 다릅니다. 이 공식을 통해 마르크스가 구하려 한 것은 통화량이지만 피셔가 구하려 한 것은 물가였습니다. 피셔는 소위 '화폐수량설'을 지지하는 경제학자였습니다. 물가가 통화량에 달렸다는 주장이죠. 이런 입장을 지지하는 학자들은 물가 관리를 위한 엄격한 통화량 관리를 주장합니다.

그러나 마르크스는 피셔와 반대로 보았습니다. 상품의 가격이란 가치의 표현형태지요. 가치는 사회적 필요노동의 양에 따라 결정되고, 두 상품의 교환비율은 가치량에 달렸습니다. 물론 앞서 살펴본 바 있는 여러 교란 요인들 때문에 가격은 가치량의 비율을 정확히 반영하지는 않습니다. 하지만 평균적으로는 그렇다고 봅니다.

유통수단으로서 화폐는 상품교환을 매개하는 데 필요합니다. 따라서 만약 시중에 화폐로 유통되는 금이 상품들을 매개하는 데 필요한 양을 넘어선다면 여분의 금은 유통수단으로서는 불필요할 겁니다. 남는 금은 장신구를 만드는 데 쓰이거나 가치저장용으로 어딘가에 금덩어리로 보관되겠지요(가치저장 문제는 지금 논할 이야기가 아닙니다만). 금을 유통수단인 화폐로, 이를테면 주화로 만들 필요는 없는 겁니다. 원활한 상품유통을 위해서라면 현재의 화폐로도 충분할 테니까요.

◦ 가격혁명에 대한 그릇된 해석—유통수단과 가치척도의 혼동
지금쯤 대체 무슨 소리냐며 반론이 목구멍까지 차올랐을지도 모르겠습니다. 화폐가 시중에 많이 풀리면 당연히 화폐와 상품의 교환비율이 바뀔 것이고 그게 가격변동이 아니고 무엇이냐고 되묻고 싶을 겁니다. 사실 통화량과 물가의 연관은 마르크스 이후에 나온 주장이 아니라 마르크스 이전에 나온 주장입니다. 17~18세기의 정치경제학자들은 상품들의 가격은 유통수단의 양으로 결정된다는 주장을 폈습니다.

　그 전형적 논리를 몽테스키외(Montesquieu)의 주장에서 발견할 수 있습니다. 마르크스는 주석에서 몽테스키외의『법의 정신』한 구절을 인용하는데요. "만약 우리가 세계에 현존하는 금과 은의 총량을 세계에 현존하는 전체 상품의 총량과 대비시킨다면, 하나하나의 생산물 또는 상품을 금과 은의 총량의 일정 부분에 대비시킬 수 있다는 것은 분명하다. ⋯⋯물건의 가격 결정은 근본적으로는 항상 물건의 총량과 화폐상징의 총량 사이의 비율에 의존할 것이다."[김, 161, 각주 31; 강, 196, 각주 80] 상품의 가격이란 화폐량과 상품량의 비례관계일

뿐이라는 겁니다. 그렇다면 상품의 진정한 가격이란 있을 수 없습니다. 매번 유통에 존재하는 화폐량과 상품량의 비례가 있을 뿐이죠.

사실 몽테스키외만 이렇게 생각한 것은 아닙니다. 17~18세기의 많은 정치경제학자들이 이런 생각을 갖고 있었습니다. 마르크스는 제이콥 반더린트(J. Vanderlint), 데이비드 흄(D. Hume), 니콜라스 바본(N. Barbon) 등을 인용합니다.[김, 160, 각주 30; 강, 195, 각주 79] 그러면서 이들의 생각(마르크스는 '엉터리 가설'이라고 했죠)을 다음과 같이 요약했습니다. "상품은 가격을 가지지 않고 유통과정에 들어가며, 또 화폐도 가치를 가지지 않고 유통과정에 들어가…… 상품집단의 일정 부분이 귀금속더미의 일정 부분과 교환된다.[김, 161; 강, 195~196]

이들의 '엉터리 가설' 속에서, 상품의 가격 결정에 상품의 생산조건은 아무런 영향도 미치지 못합니다. 오로지 화폐 역할을 하는 귀금속의 양이 중요하죠. 물론 귀금속의 양도 그 자체로는 가치가 없습니다. 중요한 것은 상품과 화폐의 교환 비율, 비례식뿐입니다. 흄은 아예 금속의 절대적 양 자체도 중요하지 않다고 생각했습니다. 그는 "화폐는 단지 노동과 상품의 표상일 뿐"이므로 화폐가 많다면 "더 많은 주화가 똑같은 양의 재화를 표상"하는 것뿐이라고 했습니다. 그저 비례관계이므로 양이 많고 적고는 "좋은 것이든 나쁜 것이든 아무런 결과도 산출하지 못한다"라고 했지요.[59] 오히려 화폐가 많으면 장부에 기입할 숫자 단위만 커지기 때문에 불편하다고 했습니다.[60] 마치 달러는 없애고 그 대신 모두 센트로 표기하는 것과 같죠. 실질적 부는 늘지 않았는데 숫자만 커지는 겁니다. 그러므로 화폐량을 늘리는 것은 돈을 찍어내는 군주에게는 이익이 되겠지만 실제 상업에는 전혀 도움이 안 됩니다(군주가 돈을 찍어내는 순간에는 화폐가 예전 가치로 유통되기 때문에 군주에게는 아주 유리합니다. 돈이 모두 퍼지고 나면 가치가 낮아지겠지만, 군주는 낮아지기 이전의 가치로 돈을 쓸 테니까요).

당시 경제학자들이 화폐 증대(통화량 증대)가 물가인상을 초래했다고 본 데는 역사적 사정이 있습니다. 지리상의 발견 이후 아메리카와 아프리카로부터 대량의 귀금속이 유입되었습니다. 그들은 유럽에 대규모로 유입된 금과 은이 '가격혁명'이라 부를 정도의 물가인상을 초래했다고 주장했습니다. 금과 은이 먼저 당도했던 에스파냐가 제일 먼저 물가폭등을 겪었고, 순차적으로 서유럽에 이런 추세가 이어졌습니다. 물가의 가파른 상승은 16세기 내내 지속되었습니다.

물가상승의 원인을 둘러싸고 당대에 이미 큰 논쟁이 일었습니다. 16세기 중반 프랑스 국왕의 자문관이었던 말레스트루아(Malestroict)와 『국가론』의 저자 장 보댕(J. Bodin)의 논쟁도 그중 하나입니다.[61] 말레스트루아는 물가상승을 함량미달의 화폐주조 탓으로 돌렸습니다. 주화에 귀금속 양을 적게 넣어 주조했기 때문에 명목상으로만 물가가 올랐다는 거죠. 주화에 들어 있는 금은의 실제량을 기준으로 하면 물가는 오르지 않았다는 이야기입니다. 반면 보댕은 물가의 상승폭, 이를테면 토지가격 상승폭이 주화의 은 함유량 하락폭보다 훨씬 크다는 것을 보이면서 물가상승이 실제적이라고 주장했습니다. 그러면서 물가가 오른 것은 주화의 은 함유량이 줄어서가 아니라 도처에 금은이 많아졌기 때문이라고 주장했습니다.

18세기에 오면 이 논쟁이 대체로 정리됩니다. 귀금속 유입 경로를 따라 물가가 상승했다는 것이 분명해 보였기 때문입니다. 16세기의 물가상승 곧 '가격혁명'은 당대의 부 개념을 흔들었습니다. 그 전에는 귀금속을 많이 보유하면 부유한 나라라고 생각했는데, 귀금속 유입과 더불어 물가가 올라갔고, 에스파냐의 높은 물가는 다른 나라들과의 교역에서 치명적 약점이 되었습니다. 게다가 "악화가 양화를 쫓아낸다"라는 그레셤의 법칙(Gresham's law)에 따라 귀금속 함유량이 많은 에스파냐 주화는 다른 나라의 저질주화와 바뀌어 빠져나갔습니다. "에스파냐에 금화나 은화가 없다면 그것은 에스파냐가 금화나 은화를 가지고 있기 때문이며, 에스파냐가 가난한 것은 에스파냐가 부자이기 때문이다"라는 역설적 언급이 나오기 시작했지요.[62] 사람들은 이제야 화폐(귀금속)는 그 자체로 부가 아니며, 단지 부를 표상하는 수단일 뿐이라는 생각에 이르렀습니다. 17~18세기 경제학자들에게서 나타난 화폐(귀금속)유통을 늘리는 것에 대한 두려움, 화폐를 단지 표상으로만 보는 사고는 이런 역사적 경험의 산물입니다.

그렇다면 역시 유통수단의 증대가 물가를 올린다는 생각은 논리적으로도, 역사적으로도 입증된 사실인 걸까요. 마르크스는 이를 가격혁명에 대한 그릇된 해석이라고 주장합니다.[김, 153~154; 강, 188~189] 그에 따르면 가치척도로 사용될 때 화폐의 가치는 이미 정해져 있습니다. 하지만 가치척도인 화폐상품의 생산조건이 바뀌면 그 가치가 바뀝니다. 새로운 거대 광산이 발견되거나 채굴 기술이 발전하면 상품으로서 금은을 얻는 데 필요한 사회적 노동량이 줄 테니까요.

물론 이런 변화는 모든 곳에서 동시에 나타나지 않습니다. 우선은 귀금속 생산지에서 변화가 나타납니다. 다른 곳에서는 종래의 귀금속 가치에 따라 교환이 계속 이루어질 것이고, 상품경제가 충분히 발전하지 않은 곳이라면 변화의 파급은 훨씬 늦을 겁니다. 하지만 차츰 많은 지역에서 더 많은 상품들이 귀금속 즉 금의 새로운 가치에 따라 교환비율이 다시 정해지겠죠. 그럼 상품들의 가격은 이제 더 큰 숫자(더 많은 금량. 금의 가치가 떨어졌으니, 다시 말해 금이 더 싸졌으니 똑같은 가치를 표현하려면 더 많은 금이 필요하죠)로 표시될 겁니다. 이는 다시 유통에 필요한 화폐량 증대로 나타날 것입니다(실제로는 금이 싸진 건데 물가가 오른 것처럼 보이게 됩니다).

금은의 생산조건 변화로 인한 가치변동 그리고 금은으로 표시된 가격의 증대는 당연히 금은의 생산지에서 시작됩니다. 앞서 유럽에서는 에스파냐에서 물가폭등이 먼저 확인되었다고 했는데요. 더 엄밀히 하자면 에스파냐 안의 에스파냐인이 아니라 아메리카와 서인도제도의 에스파냐인이 그 일을 먼저 겪었습니다. 이들은 귀금속을 너무나 적은 비용으로 얻었기에 (원주민들에 대한 혹독한 착취가 한몫했을 겁니다) "유럽 상품을 구하기 위해 많은 귀금속을 지불하는 것을 마다하지 않았"습니다. "서인도에서는 금이 쌌고 상품이 귀했"습니다.[63]

마르크스는 "금은의 새로운 생산지 발견에 뒤이어 일어난 여러 사실들을 일면적으로 관찰했기에 17세기와 특히 18세기 사람들은 상품가격이 오른 곳은 유통수단으로 기능하는 금과 은이 더 많아졌기 때문이라는 그릇된 결론에 도달했다"라고 썼습니다.[김, 154; 강, 189] 유통에 귀금속이 많아지고 물가가 높아진 것은 현상일 뿐입니다. 건초가 잘 마르는 일과 소방차가 출동하는 일이 많아졌다고 해서, 건초가 잘 말랐기에 소방차가 출동했다고 말할 수는 없지요. 둘 모두 건조한 날씨에서 파생한 현상들일 뿐입니다. 날씨가 건조하니 풀이 잘 마르고 화재도 자주 일어나 소방차가 출동하는 일도 많아집니다.

가격혁명, 다시 말해 상품과 교환되는 금량의 급격한 증대는 금의 가치 저하와 관련이 있습니다. 이것은 유통수단으로서 화폐의 문제가 아니라 가치척도로서 화폐와 관계된 문제입니다. 가치척도로 사용되는 금의 급격한 가치변동이 상품과 금의 교환비율을 변동시켰고, 당연히 유통에 필요한 통화의 양도 증대시킨 것이지요. 여기서 다시 한 번 화폐의 기능적 현존을 구별하는 것이 얼마나 중요한지를 확인할 수 있습니다. 가치척도로서 화폐와 유통수단으로서 화폐를 구별하는 것 말입니다.

∘ 통화량 확대의 '시간 차'에서 생긴 이익은 누구에게 가는가?
이건 여담인데요, 흄의 생각과 관련해 덧붙일 것이 있습니다.
아메리카와 아프리카에서 귀금속이 유입된 것이 부정적 효과
만 내지는 않았습니다. 에스파냐는 혹독한 대가를 치렀지만
다른 나라들에서는 산업이 살아났으니까요. 흄의 표현을 빌
리자면, 귀금속 유입과 더불어 "제조업자는 더 부지런해지고,
농부는 더 깊이 밭을 갈"았습니다.[64]

　흄은 이것이 물가상승의 시차 덕분이라고 보았습니다.
처음에 화폐가 들어오면 먼저 소수의 사람들, 특히 상인과 제
조업자에게 집중됩니다. 그들은 그 돈으로 고용을 늘립니다.
그런데 그들은 금속 유입에 따른 새로운 가격이 아니라 예전
가격으로 임금을 지급합니다. 노동자는 아직 모르니까요. 고
용 노동자 수의 증대는 소비의 증대로 이어지겠죠. 그럼 상인
과 제조업자는 더 큰 소득을 올릴 수가 있습니다. 물론 화폐가
모두 순환되면 이런 과정은 끝이 납니다.

　유통하는 화폐량 증대의 부정적 효과를 피하면서도 이런
소소한 긍정적 효과를 누리려면 어떻게 해야 할까요. 흄은 이
렇게 말합니다. "가장 좋은 정책은 화폐량을 유지하고 가능하
다면 조금씩만 늘리는 것이다."[65] 화폐수량설을 지지하는 현
대 통화주의자들이 가장 좋아하는 답변을 내놓은 거죠. 20세
기 후반의 대표적 통화주의자 밀턴 프리드먼(M. Friedman)이
흄을 화폐수량설의 창시자로 꼽은 이유가 이와 무관치 않을
겁니다.[66]

하지만 마르크스는 흄을 그리 높이 평가하지 않았습니다. 주석에서 슬쩍 흄을 언급했는데요.[김, 160, 각주 30; 강, 195, 각주 79] 유통수단의 양이 가격을 규정한다는 것은 흄의 독창적인 생각이 아니라고 했지요. 직접적으로는 반더린트의 『화폐만능론』Money Answers All Things(1734)을 따른 것이고, 크게 보면 당대의 여러 학자들이 이미 제시한 견해라는 거죠. 마르크스가 눈여겨본 것은 따로 있었습니다. 1870년대 사회주의자들과 노동자들에게 상당한 지지를 받고 있던 오이겐 뒤링(E. Dühring)이 흄을 찬미한 것을 두고 마르크스는 엥겔스에게 말했지요.[67] 흄은 화폐증가가 산업을 자극할 수 있다고 했는데 그 순서를 잘 보라고 말입니다.

화폐증가로 가격이 오를 때 '노동의 가격'(the price of labour)이 가장 늦게 오릅니다. 화폐를 먼저 얻은 상인과 기업가는 물가상승 이전의 임금을 주고 노동자를 고용합니다. 통화가 확대되는 시차를 이용해 이익을 취하는 거죠. 인플레이션 효과 때문에 노동자들은 명목상으로는 동일한 임금을 받지만 실제로는 절하된 임금을 받는다고 할 수 있습니다. 그런데도 뒤링이 노동자들 '면전에서' 흄을 칭찬하다니 마르크스로서는 믿을 수 없었습니다. 뒤링이 얼마나 피상적인 인간인지만 확인했을 따름이죠.

° 금으로 만든 돈과 종이로 만든 돈

그런데 상품거래를 매개하기 위해서라면 꼭 금속이 필요할까

142

요? 어차피 거래 목적이 금이 아니라 아마포이고 성경책이고 위스키라면 말입니다. 게다가 금속주화는 몇 가지 문제를 안고 있었습니다. 금으로 일상에서 쓸 작은 단위의 화폐를 만드는 데는 상당한 기술이 필요합니다. 거래할 때마다 주화에 담긴 금의 함량을 정확히 확인하기도 어렵고요.

더구나 금속은 유통하는 동안 닳아 없어집니다. 싸구려 금속이라면 모를까 금이라면 유통 중 사라지는 양을 무시하기 어렵지요. 자연 마모 문제는 그래도 봐줄 만합니다. 심각한 것은 도덕적 마모죠. 사람들의 손을 거칠 때마다 양질의 금화는 사라지고 저질 주화가 나타납니다. 주화를 바꾸지 않았다면 최소한 테두리를 갈아 금가루를 털어내기라도 합니다. 실제로 주화를 만들던 금은세공업자들이 이런 일을 많이 했습니다. 제후들도 그랬고 상인들도 그랬지요. 17세기 초에 이런 일들이 너무 많아 이때를 '키퍼 운트 비페차이트'(Kippe-und Wippezeit)라고 부릅니다.[68] '키퍼'나 '비페'는 모두 '끄트머리', '가장자리'를 뜻하는 말입니다. 한마디로 주화의 테두리를 깎아낸 '위조화폐의 시대'라는 거죠.

이런 문제를 생각하면 유통 쪽에서는 확실히 금속을 대체할 유통수단의 필요를 느낄 겁니다. 금속을 직접 유통시키기보다 증표(Marke)나 상징(Symbole)으로 대신하고 싶은 마음이 생기겠지요. 그런데 우리는 가치척도에서도 이에 상응하는 변화를 본 바 있습니다. 역사적으로 화폐의 명칭과 금속의 무게가 점차 분리되는 것을 앞에서 이미 살펴봤지요.. 주화로서 금과 금의 금속적 가치가 멀어지는 것 말입니다. 여기서도 "상대적으로 가치 없는 물건, 예컨대 지폐가 금을 대신해 유통수단으로 기능할" 가능성이 생긴 거죠.[김, 164; 강, 199]

금을 대리한다는 점만 보장된다면 그 대리물을 굳이 금으로 만들 필요가 없는 건 당연합니다. 그래도 처음에는 아마 금에 비교적 가까운 재료를 사용했을 겁니다. 금화 대신 은화를 쓰고 은화 대신 동화를 썼겠지요. 하지만 일단 시작하기만 하면 지폐까지 나아가는 것은 순식간입니다. 마르크스의 말처럼 "어려운 것은 첫걸음일 뿐"이죠.[김, 164; 강, 199]

그래도 무척 조심했습니다. 종이를 유통수단으로 쓸 때도 금은 종이에서 멀지 않은 곳에 있었습니다. 증서를 내밀면 언제든 은행은 거기 적힌 만큼의 금을 내주었습니다. 17세기 초에 설립된 공공은행(public bank) 암스테르담은행은 이것으로 명성이 높았습니다. 이 은행의 지급준비율은 사실상 100퍼센트였습니다. 예금증서는 언제든 금속과 태환되었습니다. 심지어 루이 14세가 쳐들어왔을 때도, 그래서 예금자들이 공포에 휩싸여 은행을 찾았을 때도 모두 양화(良貨)로 지불했습니다.[69]

영국 상인들은 암스테르담은행을 가진 네덜란드 상인들을 부러워했는데요, 그들은 시간이 한참 더 지난 뒤에야 공공은행을 세울 수 있었죠. 잉글랜드은행은 세기말인 1694년에 만들어졌습니다. 물론 그 전에도 환전이나 예금 업무를 맡은 곳이 있기는 했습니다. '골드스미스'(goldsmith), '실버스미스'

(silversmith)라고 부르는 금은세공업자들인데요. 이들은 금속 주화도 만들었고 예금도 받아주었습니다. '골드스미스 노트' (goldsmith's note)라고 불린 예금증서도 발행했고요.

하지만 이 세공업자들은 공공업무를 보는 사람들이 아니 었습니다. 그저 사적 이해를 추구하던 집단이죠. 저질 주화를 유통시키기도 하고 주화 테두리를 깎아내는 일도 많았습니다. 상인들의 불만이 컸겠죠. 그런데 17세기 말 영국 왕실은 이런저런 전쟁에 뛰어들었습니다. 프랑스와도 전쟁을 벌였고 에스파냐와도 왕위 계승 전쟁을 벌였습니다. 전쟁에는 항상 돈이 들기 마련이죠. 이 기회를 영국의 상인들이 활용했습니다. 상인들은 왕에게 120만 파운드스털링이라는 큰돈을 대부 해주고 이를 기반으로 잉글랜드은행을 세웠습니다. 예금 업무 권한만이 아니라 은행권(bank note) 발행 권한도 얻었지요.

잉글랜드은행의 은행권은 암스테르담은행의 예금증서 와 많이 달랐습니다. 암스테르담은행 예금증서는 사실상 금 속교환권이었지요. 하지만 잉글랜드은행의 운영자들은 지급 준비율을 암스테르담은행처럼 100퍼센트로 유지할 필요가 없음을 알았습니다. 믿음만 줄 수 있다면 지급준비금 이상의 금액으로 은행권을 발행해도 된다는 것을 이론적으로도 경험 적으로도 알고 있었죠. 사실은 준비금 이상으로 은행권을 너 무 남발하는 것을 걱정해야 하는 상황이었습니다. 잉글랜드 은행이 은행권을 지나치게 많이 발급해 지급불능 위기에 처 한 적도 많았거든요. 여왕과 귀족들이 은행에 돈을 빌려주어

위기를 넘긴 적도 있었습니다.[70]

잉글랜드은행의 은행권은 준비금 이상의 금액으로 발행되었기에 금속교환증서가 아니라 어음을 발행한 것과 같습니다. 말하자면 신용화폐인 셈이죠. 마르크스의 표현을 쓰자면, 이는 "은행업자가 발행하는 일람불(一覽拂) 어음"이라 할 수 있습니다.[71] 은행이 발행하는 은행권에는 채권·채무를 둘러싼 다양한 형태의 신용관계가 개입해 있습니다. 하지만 이 내용은 지금 단계에서 이야기할 수 있는 범위를 넘어선 것으로, 『자본』 III권에서 다룹니다. 마르크스는 신용화폐에서 기원하는 지폐들은 현 단계의 논의에서는 제외하자고 말합니다. 아직 논의의 순서상 말하지 않은, "우리에게 전혀 알려져 있지 않은 관계들을 전제"로 하고 있기 때문이지요.[김, 165; 강, 199] 굳이 말하자면 이런 지폐들은 유통수단이라기보다는, 곧이어 언급할 지불수단으로서 화폐에 근원을 두고 있습니다.[김, 165; 강, 199] 유통수단과 기능적 현존이 다르지요. 그래서 마르크스는 유통수단으로서 지폐는 "국가가 발행해 강제통용력을 준 불환지폐"로 한정해 논의하자고 합니다.[김, 164; 강, 199]

그럼에도 내가 여기서 은행권 이야기를 꺼낸 것은 국가가 공식적 지위를 부여한 '불환지폐'의 역사적 기원이 이들 은행권과 따로 떨어져 있지 않기 때문입니다. 오늘날 통용되는 공식 지폐들은 17~18세기에 처음 만들어진 공공은행들이 19세기에 중앙은행 지위를 차지하면서, 그리고 이들의 은행권이 국민통화로 만들어지는 과정을 밟으면서 생겨났습니다. 마르크스도 당연히 이 점을 알고 있었습니다. 그래서 지폐에 대한 논의에서 신용화폐는 고려하지 하겠다는 이야기를 일부러 했을 겁니다. 지금은 유통수단으로서 화폐에 관해 논의하는 중이니, 유통과 관련해 정부가 통용시키는 화폐로서만 지폐 논의를 한정하자는 것이죠.

○ **권력자는 돈을 쓰고, 백성은 돈을 갚고, 자본가는 돈을 번다**

은행권 발행과 관련해 말해두고 싶은 것이 있습니다. 잉글랜드은행의 설립 기반이 왕에 대한 채권이라고 말했는데요. 이런 상황은 잉글랜드은행만이 아니라 조금 뒤 만들어진 프랑스왕립은행도 마찬가지였습니다. 어떤 점에서 프랑스왕립은행은 더 노골적이었는데요. 18세기 프랑스의 군주와 정부는 거의 파산 수준의 빚을 지고 있었습니다. 그때 스코틀랜드 출신 금융가 존 로가 은행 설립을 제안합니다. 자신에게 은행 설립을 허가해주고 대외교역 독점권을 주면 프랑스 정부의 채무를 모두 해소해주겠다고 했습니다.

존 로는 은행 자본금의 75퍼센트를 국가어음으로 충당했습니다. 국가에 대부해주고 그 채권을 은행의 자본금으로 삼은 겁니다. 더욱이 그는 자신이 세운 은행의 은행권으로 세금도 걷을 수 있게 되었고 독점적 지위를 보장받는 무역회사도 갖게 되었지요. 이매뉴얼 월러스틴(I. Wallerstein)은 로의 '체제'를 이렇게 요약했습니다. "존 로의 '체제'는 세 개의 국가독점체들의 결집을 수반했다. 세 개의 국가독점체들이란 발권은행(왕립은행), 무역회사(인도회사), 그리고 중앙집중화된 간접세 징수 단위(총괄징세청부구)를 말한다."[72]

서구에서 은행 설립 및 은행권 발행이 본격화한 시기에 어떤 모델이 만들어졌는지 눈여겨보기 바랍니다. 자본주의 초창기인 이때 자본가는 군주의 채무를 이용해 정말이지 엄청난 수익모델을 만들었습니다. 잉글랜드은행과 프랑스왕립은행 설립 당시 돈을 빌려 쓴 것은 군주입니다. 즉 군주가 채무자입니다. 그런데 상인들은 군주에 대한 채권을 기반으로 은행을 설립하고 은행권을 발행합니다. 그리고 군주의 힘을 빌려 자신들이 '발행'한 돈으로 세금을 납부하게 하죠. 세금이 군주의 빚을 갚는 데 쓰이는 것도 문제입니다만, 세금을 은행이 발행한 화폐로 납부하게 하는 모델도 문제였습니다. 이 모델은 실물의 가치보다 화폐의 가치를 더 높게 만들어 사람들을 더 쉽게 더 많이 착취할 수 있게 했습니다.

이게 18세기 서유럽에서 만들어진 메커니즘입니다. 군주가 돈을 쓰고 백성이 그 빚을 갚습니다. 이 과정에서 채권자인 상인이 은행을 통해 이익을 뽑아낼 수 있는 시스템이 구축된 겁니다. 자본주의 초창기, 자본의 시초축적이 이루어지던 시기에, 자본가들은 은행 설립 및 화폐 발행을 통해 엄청난 이익을 챙겼습니다. 권력자에 대한 대출 과정에서 무역에 대한 독점권도 부여받았고요. 자본가가 자본가로 태어나던 시기, 다시 말해 그들이 돈을 긁어모으던 시기에 일어난 일입니다(하긴 요즘에도 이런 일은 일어납니다. 심지어 금융안정·고용안정을 명목으로 대규모 투자은행이나 대기업의 빚도 백성들이 대신 갚아줄 때가 많으니까요).

이에 대해서는 〈북클럽 『자본』〉 시리즈의 마지막 권(12권)에서 '산업자본가의 발생'을 다루며 다시 이야기하게 될 겁니다. 다만 그때 맞닥뜨리게 될 마르크스의 분노를 여기에 잠깐 인용해두고 넘어가겠습니다. "국립이라는 칭호를 덧붙인 대은행들은 그 출생 첫날부터 사적 투기업자들의 회사에 불과했다. ……잉글랜드은행은 자기 화폐를, 8퍼센트 이자율로 정부에 대부하는 것으로 활동을 시작했는데, 그와 동시에 이 은행은 화폐주조권을 의회로부터 획득함으로써 자기 자본을 은행권의 형태로 국민에게 다시 대부할 수 있게 되었다. ……얼마 안 가서는 자체적으로 만들어낸 신용화폐를 주화[유통수단]로서 기능하게 했으며, 이 돈으로 국가에 대부하고 국가를 대신해 공채이자를 지불했다. ……은행은 자기가 빌려준 최후의 한 푼에 이르기까지 국민에 대한 영원한 채권자로 남았다."[김, 1034; 강, 1012~1013]

∘ 돈이 돈다는 것

오늘날에는 국가(혹은 중앙은행)가 금속에 구애받지 않고 유통수단을 공급합니다. 물론 유통에는 신용화폐들도 사용될 수 있습니다. 누군가 채무를 갚고자 지불한 어음이나 수표를 상품교환의 매개수단으로 쓸 수도 있고, 은행권 자체가 어음의 성격을 갖는다고도 볼 수 있습니다. 하지만 단순한 상품교환에서 시작한 우리의 논의에서 거기까지 고려하는 것은 성급한 일입니다. 일단은 금속 즉 금상품에서 시작하고, 국가가 그것을 대체할 증표나 상징을 유통시킬 수 있다는 점, 실제로 통화는 국가의 관리 아래 '국민제복'을 입고 있으며,[김, 162; 강, 197] 국가적 강제를 통해 그 '객관적이고 사회적인 타당성'을 인정받고 있다는 점[김, 168; 강, 202]에서 논의를 이어가겠습니다.

유통수단인 한에서, 종이로 만든 돈은 분명 금으로 만든 돈을 대체할 수 있습니다. 우리는 물건을 구입할 때 금조각을 들고 가는 대신 종잇조각을 들고 갑니다. 가치척도 화폐에서 실제로 무거운 금을 필요로 하지 않았던 것처럼(그래서 가격의 도량단위가 금의 중량단위와 무관해지기 시작했던 것처럼), 유통수단 화폐에서도 국가의 뒷받침을 받은 상징이 실제 금을 대체할 수 있습니다. 그것이 유통수단인 한 실제로 금을 들고 다닐 필요는 없는 겁니다. 마르크스의 말처럼 "화폐의 기능적 현존이 화폐의 물질적 현존을 흡수"한 것이죠.[김, 167; 강, 201]

금을 캐고 세공하는 것과 달리 지폐를 찍어내는 데는 거의 비용이 들지 않기에(전자화폐는 더더욱 그렇지요), 지폐는 금과 달리 기술적으로는 무한히 공급될 수 있습니다. 그런데, 그렇지가 않습니다. 앞서 제기한 유통수단으로서 화폐량 계산 문제를 여기서 다시 생각해보게 되는데요. 마르크스는 "지폐의 발행은 실제로 유통될 금량을 지폐가 상징적으로 대신하는 범위로 제한되어야 한다"라고 말합니다.[김, 165; 강, 200] 유통수단으로 기능하는 금을 종이가 모두 대체할 수는 있지만 그것을 '넘어서까지' 대체하는 것은 아니라는 이야기입니다. 다소간의 진폭은 있지만 유통에 필요한 저수량(貯水量)은 상품의 양과 가격에 따라 대체로 정해지니까요.

물론 국가의 강제력이 있으니 지폐는 현실적으로 필요한 양 이상으로 투입될 수도 있습니다. 그러나 "모든 유통의 수로들이 화폐를 흡수할 능력의 최대한도까지 지폐로 가득 차 버린다면 그것들은 상품유통의 변동에 따라 내일 범람할지도 모"릅니다. 그렇게 되면 앞서 '가격혁명'을 다룰 때 보았듯 가치척도 문제나 "가격의 도량표준 문제"가 생기게 됩니다. "지폐의 신용이 일반적으로 손상될 위험"에 처하지요.[김, 166; 강, 200] 국가가 힘으로 강제유통을 시킬 수는 있겠으나 어느 선을 넘어서까지 그렇게 하면 지폐는 '가치척도'로서 신뢰를 잃게 됩니다.

사실 지폐를 아무리 많이 찍어낸다 해도 이론적으로 살피자면 그것은 단지 상품유통에 필요했던 금량에 대한 비례관계만 바꾸는 것일 뿐입니다. 이를테면 1파운드스털링(1£)의 지폐가 예전에는 금 ¼온스를 나타냈다면 이제는 ⅛온스를 나타내는 식이죠. 달러를 센트로 나타내는 식으로, 동일한 지폐가 해당 금량을 나타내는 데 100배 큰 숫자가 될 뿐입니다. 이는 천 배 만 배가 되어도 마찬가지입니다.

물론 이렇게 간단히 말할 일은 아닙니다. 화폐가 동시에 모두에게 늘어나는 것이 아니기에 짧은 시간 급격히 화폐량이 변동하면 대혼란이 불가피합니다. 1파운드스털링 지폐가 여기서는 아직 금 ¼온스인데 저기서는 금 ⅛온스라면, 그리고 어제는 금 ¼온스였는데 오늘은 금 ⅛온스라면 어떻게 될까요? 수학적으로는 간단한 비례식을 풀면 되지만 사회경제적으로는 난리가 날 겁니다.

여기서 마르크스가 말하려는 바는 '유통수단인 한에서' 지폐는 그것이 대신하는 금량을 대체하는 것일 뿐이라는 점입니다. 유통수단의 양은 상품들의 양과 가격, 유통수단의 회전속도에 달렸고 그것을 따르면 됩니다. 그런데 상품들의 양과 가격, 화폐의 회전속도는 유통 자체에 달린 것이 아닙니다. 유통은 그저 현상일 뿐이죠. 그 현상의 원인까지 거기서 드러나지는 않습니다. 우리는 상품거래가 활발하지 않을 때, 시중에 돈이 말랐다거나 돈이 잘 돌지 않아 그렇다는 말을 많이 합니다. 그래서 정부에 돈을 더 풀라고 말합니다.

통화량을 구하는 공식에서 우리는 화폐의 유통속도가 빨라지면, 즉 동일한 화폐가 매개하는 상품거래의 수가 증대하면, 유통에 필요한 화폐량은 감소하는 것을 보았습니다. 화폐의 유통속도가 빨라진다는 것은 그만큼 상품거래가 활발하다는 뜻입니다. 상품거래가 활발하면 그만큼 적은 돈으로 많은 거래를 매개할 수 있습니다. 반대로 화폐의 유통속도가 느려졌다는 건 상품거래가 활발하지 않다는 뜻입니다. 그런데 화폐의 유통속도가 느려지면 우리는 돈의 부족을 느낍니다. 유통속도의 감소는 유통에 필요한 화폐량을 높이니까요. 상대적으로 화폐 부족을 느끼는 것이죠. 이때 우리는 현상과 원인을 거꾸로 보는 경향이 있습니다.[김, 157; 강, 192] 상품거래가 잘 이루어지지 않아 통화량 부족 현상이 나타나더라도 통화량이 부족해 상품거래가 이루어지지 않은 것처럼 느끼는 겁니다.

그런데 상품거래가 활발하지 않은 이유는 여러 가지가 있을 수 있습니다. 마르크스가 주석에서 더들리 노스(D. North)를 인용하면서 암시하듯, 그것은 과잉생산의 문제일 수도 있고 소득감소의 문제일 수도 있습니다.[김, 157, 각주 28; 강, 192, 각주 77] 산업부문별 균형, 특히 생산부문과 소비부문의 비례가 맞지 않아 생긴 문제일 수도 있고 정부의 어떤 정책이 영향을 끼친 것일 수도 있지요. 이유는 많습니다.

돈이 돌지 않는 이유는 이처럼 여러 가지일 수 있는데도, 당장 우리 눈에는 돈이 돌지 않는 것만 보이기 때문에 원인이 아니라 현상을 수정하려고 합니다. 돈이 안 도는 것 같으니 우선 돈을 더 투입하는 식이죠. 이는 원인을 모르는 채 치료하는 대증요법과 같습니다. 열이 나면 열을 내리려 얼음찜질을 할 수 있습니다만(급할 때는 또 그렇게 해야 하고요), 이건 애초 왜 열이 났는지 알아내는 것과는 다른 차원의 문제입니다. 문제가 어디서 왜 생겼는가. 그런데 화폐의 유통, 다시 말해 유통수단으로서 화폐에 나타난 현상들은 그것까지 말해주지는 않습니다.

6

특별히 사랑스러운 화폐

———

화폐로서 화폐

화폐가 상품으로 전환되는 일은
즉각적이고 쉽습니다.
마르크스는 이런 '화폐의 힘'을
"언제라도 사용할 수 있는
절대적인 사회적 부의 형태"라고 불렀습니다.
화폐를 '사물들의 힘줄'이라 부르기도 했지요.
상품유통이 확대되면
이 힘줄은 더 멀리까지 뻗습니다.
더 광범위한 영역에서 더 많은 물건들에
영향을 미칩니다.
그야말로 모든 것들을 살 수 있으니까요.
돈만 있으면 모든 일들을 할 수 있다는 식의 사고가
가능해지죠.

TIMON OF ATHENS.
Act iv. Scene 1.
Without the Walls of Athens. — Timon.

Pub. June 4, 1803, by J. & J. Boydell, at the Shakspeare Gallery Pall Mall, & N.º 90 Cheapside, London.

거부(巨富) 타이먼의 몰락을 이야기하는
셰익스피어의 희곡 『아테네의 타이먼』 4막 1장을 묘사한 판화(1803).
"금! 황색의 휘황찬란한, 귀중한 황금이여!
이것만 있으면 검은 것도 희게, 추한 것도 아름답게,
악한 것도 착하게, 천한 것도 귀하게, 늙은 것도 젊게
겁쟁이도 용감하게 만들 수 있구나."

이제 마르크스가 제시한 화폐의 세 번째 기능이자 마지막 기능인 '화폐'를 보겠습니다. 그런데 가치척도나 유통수단과 달리 세 번째 것을 '화폐'라고 하니 좀 이상합니다. 앞의 두 가지는 화폐의 기능이었는데 이것은 그 자체로 '화폐'라는 이름을 갖고 있으니까요.

∘ '화폐로서 화폐'—화폐만의 매력

그럴 만한 이유가 있습니다. 가치척도로서 화폐나 유통수단으로서 화폐에서는 화폐가 수단일 뿐 목적이 아니었습니다. 그런데 거래의 최종 목적이 상품이 아니라 화폐인 경우도 있습니다. 화폐를 화폐 자체로서 얻고자 하는 경우죠. 이를 '가치척도로서 화폐', '유통수단으로서 화폐'처럼 '화폐로서 화폐'라고 부를 수 있을 겁니다.

지금까지 우리는 상품들에만 눈을 맞추었습니다. 화폐를 저울로 들고 온 경우에도 아마포라는 상품의 가치를 재기 위해서였고, 아마포를 화폐로 바꾸었던 것도 또 다른 상품인 성경책을 구하기 위해서였습니다. 우리는 지금까지 금을 '화폐상품'으로 전제했는데요. 앞서 두 경우에 관심은 화폐인 금에 있지 않고 '상품'에 있었습니다. 그랬기 때문에 주화나 지폐가 금을 대신할 수도 있었던 겁니다.

그런데 세 번째의 기능적 현존은 다릅니다. 이 현존, 다시 말해 '화폐로서 화폐'는 화폐 자체에 눈이 가는 경우입니다. 화폐에서, 다른 상품들로는 도저히 대체할 수 없는 어떤 매력을 느끼는 겁니다. 상품이 아니라 돈을 갖고 싶은 거죠. 이때 화폐는 상품들의 대체물이 아니라 상품들로는 대체할 수 없는 것이며, 금이 종이가 아니라 "금의 몸 그대로 나타나야만" 하지요. 이 경우 우리는 상품과 상관없이 틈나는 대로 돈을 모으려고 합니다. 이 돈이 화폐의 세 번째 기능적 현존인 '화폐로서 화폐'입니다.

『정치경제학 비판 요강』에서 마르크스는 지금 우리가 이야기하고 있는 『자본』 제3절 '화폐'에 해당하는 제목을 '부(富)의 물질적 대표로서 화폐'라고 적었습니다.[73] 가치척도와 유통수단을 다룬 뒤 이런 제목을 달았죠. 화폐를 '부의 물질적 대표'라고 말한 것은 화폐에 대한 욕구를 구체적 상품에 대한 욕구와 구별한 것입니다. "충동의 특수한 형태로서, 즉 특수한 부에 대한 욕망, 예를 들어 옷, 무기, 장신구, 여자, 포도주 등에 대한 욕망과 구별되는 치부 욕망 자체는 일반적 부가 한 특수한 사물[화폐]로 개별화되자마자 가능해진다. ……요컨대 화폐가 치부욕의 대상이자 원천인 것이다."[74] 이는 물건에 대한 욕심과 구분되는 부에 대한 욕심, 즉 물욕과 구분되는 치부욕 때문에 화폐가 욕구의 대상일 수 있음을 말해줍니다.

이 제3절에서 우리는 '부의 물적 표상'으로서 화폐가 요구되는 상황들을 볼 겁니다. 그런데 본격적으로 그 내용을 살피기 전에 마르크스가 제목을 바꾼 이유를 생각해볼 필요가 있을 것 같습니다. 왜 『자본』에서는 『정치경제학 비판 요강』에서와 달리 '부의 물질적 대표'라는 말을 빼고 그냥 '화폐'라고 제목을 달았을까요?[사실 마르크스는 『정치경제학 비판을 위하여』(1859)에서부터 이렇게 썼습니다]. 데이비드 하비(D. Harvey)는 『자본』을 해설하면서, 화폐에 관한 장의 제1절 제목이 '가치척도'이고, 제2절 제목이 '유통수단'인데, 제3절 제목이 '화폐'인 이유에 대해 이렇게 말했습니다. "마르크스는 가치 척도로서 화폐(제1절)와 유통수단으로서 화폐(제2절)를 서로 대비시키고 있다. 그러나 최종적으로는 단 한 가지의 화폐만 존재한다(제3절)."[75]

하비는 제3절을 제1절과 제2절의 종합으로, 가치척도와 유통수단의 종합으로 보는 것 같습니다. 『정치경제학 비판을 위하여』에서 마르크스가 그런 식으로 말한 바도 있고("가치척도와 유통수단의 통일이 화폐인 것이다"),[76] 『자본』 제3절에서 지불수단에 대해 말하는 중 그런 뉘앙스를 풍기기도 해서 그렇습니다.

하지만 내게는 이것이 지나치게 변증법의 '정-반-합'을 의식한 해설로 보입니다[『정치경제학 비판 요강』이나 『정치경제학 비판을 위하여』는 마르크스가 헤겔의 『논리학』을 의식하면서 쓴 것이어서 그런 색채가 강합니다. 이 두 저작에서 마르크스는 우리가 이 시리즈의 4권에서 볼 정식(G-W-G)을 당겨쓰기도 합니다. '가치척도'와 '유통수단'이 '화폐'로 종합된 뒤 '자본'으로 자연스레 넘어갈 수 있게 보이려고 말입니다]. 하지만 『자본』에서 마르크스는 유통수단과 지불수단이 각각 전제하는 관계가 다르다는 것을 자주 환기하고 있으며, 실제 역사적으로도 화폐의 기능들, 특히 지불수단과 유통수단의 발생 및 발전 과정은 아주 다릅니다. 나는 개인적으로 『자본』제3절 '화폐'를 제1절의 '가치척도'나 제2절의 '유통수단'과는 다른, 별도의 기능적 현존으로 간주해야 한다고 생각합니다.

다만 '화폐'라는 이름으로 묶인 기능들(축장화폐, 지불수단, 세계화폐)을 제1절과 제2절 뒤에, 다시 말해 제3절에 위치시킨 것은 나름의 의미가 있다고 봅니다. 우리는 이미 『자본』제2편의 제목을 넘겨본 바 있습니다. '화폐의 자본으로의 전화'죠. '화폐'가 '자본'으로 변신하는 것을 다룹니다. 화폐의 세 번째 기능적 현존에는 자본에 대한 규정과 유사한 요소들이 많습니다. 화폐를 목적으로 추구한다는 말도 그렇고, 또 '축장화폐'에 함축된 '축적', '지불수단'에 함축된 '시간성', '세계화폐'에 담긴 '세계성'(공간)이 모두 '자본' 개념을 다룰 때 중요한 요소들입니다. 하지만 다음 편에서 우리는, 이런 외적 유사성에도 불구하고 '화폐'로 기능하는 화폐와 '자본'으로 기능하는 화폐가 완전히 다른 것임을 볼 겁니다.

왜 『자본』에서는 '부의 물질적 대표'라는 말이 사라졌는가. 내 생각은 이렇습니다. 『자본』제2편으로 넘어가면서 '화폐'에서 '자본'으로 변신하는 것을 다룰 텐데, 가치의 형태인 '화폐'와 가치의 증식으로서 '자본' 사이에서 '부'라는 개념의 위치가 모호합니다. 『자본』제1장 첫 단락에서 '자본주의 생산양식이 지배하는 사회의 부'라는 표현을 썼지요. 그리고 아직 '자본' 개념이 출현하기 전인 어기 제3장 제3절에서도 마르크스는 '부'라는 표현을 여러 번 사용합니다.

그런데 '부'는 19세기적 기준에서 볼 때 그렇게 엄밀한 개념이 아닙니다. 사용가치의 흔적이 많이 남은 개념이죠. 19세기 정치경제학자들이 생각한 부의 엄밀한 개념은 '가치'입니다. 마르크스 역시 마찬가지입니다. 『자본』 제1편에서도 그는 자신이 분석하는 것을 첫 단락에서만 '부의 형태'라고 했고, '사용가치'와 '교환가치'(가치)를 구분한 뒤부터는 '가치의 형태'라고 했습니다. '자본' 개념도 '가치'와 관련해서 설명되지 '부' 개념으로는 설명하지 않습니다. 이런 이유로 그는 '화폐'에서 '자본'으로 넘어가는 과정에서 '부' 개념이 제목에 끼어드는 것을 피한 게 아닐까 생각합니다. 실제로 『자본』 어디에서도 장이나 절의 제목에 '부' 개념을 넣은 것을 찾을 수 없습니다.

○ 화폐를 갖고 있으면 마음이 놓인다

'화폐로서 화폐', 화폐 자체가 목적이 되는 그런 화폐의 첫 번째 예는 축장(Schatzbildung)화폐입니다. 축장이란 화폐를 재물(Schatz)로서 모으는 거죠. 그러니까 화폐가 재물로서 의미를 갖는 경우라 하겠습니다.

앞서 살펴본 유통에서는 상품을 판매해 화폐를 얻지만 그 화폐를 다른 상품을 얻는 데 사용했습니다. 유통수단 화폐는 유통에 머물고 상품이 빠져나갔죠. 성경책은 아마포 직조공과 함께 그의 집으로 갔습니다. 그런데 축장을 원하는 사람은 상품이 아니라 화폐를 빼냅니다.

도대체 왜 그럴까요. 화폐는 다른 상품과 동일한 가치를 지녔을 때조차 다른 상품으로 할 수 없는 일을 할 수 있게 해주니까요. 우리의 친구 아마포 직조공을 다시 떠올려볼까요. 그는 아마포를 가능한 한 빨리 화폐와 바꾸었습니다. 성경책 소유자가 아마포를 원하지 않을 수는 있지만 화폐는 원할 것임을 알기 때문입니다. 동일한 가치라 해도 아마포를 들고 있을 때와 화폐를 들고 있을 때의 심리상태는 완전히 다를 겁니다. 아마포를 판매하기까지는 마음이 초조하겠지만 성경책을 구매할 때는 조금 느긋합니다. 판매했다고 곧바로 구매할 필요는 없다는 것, 이 여유는 그가 화폐라는 일반적 등가물을 가졌다는 데서 나옵니다.

아마포 직조공이 곧바로 구매자로 나서지 않는 것, 그가 상대적으로 여유를 가질 수 있는 것은 화폐의 힘 덕분입니다. 케인스는 화폐만의 이런 매력을 '유동성 선호'(liquidity preference)라고 불렀는데요.[77] 그는 고전경제학 모델에서는 진지하게 고려하지 않았던, '시간'이라는 변수를 끌어들였습니다. 시간이란 '불확실성'과 관련이 있습니다. 미래에 대한 예측 내지 기대는 사람들의 현재 행위에 큰 영향을 미칩니다. 이때 화폐자산은 불확실성을 대처하는 효과적인 수단이죠. 개인적 응급 상황이나 사업상의 돌발 사태에 대비하기 위해 혹은 각종 거래에 필요한 지불수단으로서 혹은 투기적 동기(신속한 투자를 요구하는 수익성 높은 매물에 대해)에서, 사람들은 '유동성'이 큰 자산인 화폐를 가지려 합니다. 현금을 가지고 있으면 부동산을 갖고 있는 것보다 다양한 형태의 재화로 신속하게 전환할 수가 있으니까요.

경제의 불확실성이 커지면 사람들은 화폐를 축적해두려 합니다(축장의 욕구도 있을 테고, 곧이어 살펴보겠지만 지불준비금도 필요하니까요). 물론 화폐 보관비용이 커지면, 다시 말해 화폐를 쌓아두는 것이 오히려 손해인 상황이 오면 축적은 줄어들 겁니다. 돈으로 갖고 있기보다는 투자를 하겠죠. 하지만 불확실성이 지속되면 화폐의 매력은 한없이 커집니다. 어느 선을 넘으면 정부가 아무리 돈을 풀어도 투자가 일어나지 않고 화폐는 퇴장해버립니다. 모두가 돈을 쌓아두려고만 하지요. 유통에서도 돈이 계속 빠져나갑니다. 화폐의 기능적 현존이 변하는 겁니다. '유통수단으로서 화폐'가 '화폐로서 화폐'로, 즉 축장화폐나 지불준비금으로 바뀝니다.

이런 상황을 '유동성 함정'이라 부릅니다. 화폐를 퇴장시키려는 충동이 너무 커서 정부의 통화정책이 전혀 먹히지 않죠. 이에 대해서는 두 가지 해법이 있을 겁니다. 정부가 직접 투자자로 나서거나(재정정책을 쓰는 거죠), 중앙은행을 통해 통화량을 더 크게 늘려버리는 겁니다(양적완화정책이라고 하죠). 그러나 앞서 말한 것처럼 이런 정책들은 대증요법에 가깝습니다. 급할 때 쓰기는 하지만 현상에 대한 교정이지 원인에 대한 치료는 아니니까요.

◦언제라도 사용할 수 있는 화폐—절대적인 '사회적 부'의 형태

이야기가 조금 옆길로 빠졌습니다. 논의를 다시 이어가자면, 가치척도나 유통수단과는 구분되는 화폐의 기능적 현존이 분명 존재합니다. 상품에만 관심을 둔 사람 눈에는 정신 나간 짓으로 보일지 모르지만 화폐의 축장에는 충분히 그럴 만한 이유가 있습니다.

마르크스는 가치를 상품형태가 아닌 화폐형태로 보유하려는 갈망에 합당한 이유가 있음을 보여줍니다. 우리는 화폐가 교환의 일반적 등가물임을 알고 있습니다. 이는 모든 상품들이 화폐로 전환될 수 있다는 이야기지만 동시에 화폐가 모든 상품들로 전환될 수 있다는 뜻이기도 합니다. 게다가 상품이 화폐로 교환되는 일은 '목숨 건 도약'에 비유될 만큼 간단치 않지만, 화폐가 상품으로 전환되는 일은 즉각적이고 쉽습니다.

마르크스는 이런 '화폐의 힘[권력]'(Macht des Geldes)을 "언제라도 사용할 수 있는 절대적인 사회적 부의 형태"라고 불렀습니다.[김, 170; 강, 204] 화폐를 '사물들의 힘줄'(nervus rerum)이라 부르기도 했지요.[김, 170; 강, 204] 상품유통이 확대되면 이 힘줄은 더 멀리까지 뻗습니다. 더 광범위한 영역에서 더 많은 물건들에 영향을 미칩니다. 그야말로 모든 것들을 살 수 있으니까요. 돈만 있으면 모든 일들을 할 수 있다는 식의 사고가 가능해지죠.

앞서 화폐에서는 냄새가 나지 않는다고 했습니다. 기원

을 감춘다는 거죠. 어디서 왔는지, 어떤 물건이 화폐로 변했는지 알 수가 없습니다. 그런데 이제는 반대로도 말할 수 있습니다. 돈은 어디로 갈지, 무엇이 될 수 있을지 알 수 없습니다. 어디에도 갈 수 있고 무엇도 될 수 있으니까요. 화폐를 퇴장시키려는 충동, 다시 말해 축장화폐에 대한 충동은 화폐가 가진 이런 힘에 대한 추구라고 할 수 있습니다.

정치경제학 공부에 막 뛰어들었을 무렵 마르크스는 화폐의 힘에 대해 이렇게 적었습니다. "네가 할 수 없는 것을 너의 화폐는 할 수 있다. 너의 화폐는 먹고 마실 수 있으며, 무도회에도 극장에도 갈 수 있다. 너의 화폐는 예술, 학식, 역사적 진품, 정치권력에 정통하다. 너의 화폐는 여행할 수 있다. 너의 화폐는 네가 모든 것을 갖도록 할 수 있다. 너의 화폐는 모든 것을 구매할 수 있다. 너의 화폐는 진정한 능력 그 자체다."[78] 이때 마르크스는 셰익스피어의 『아테네의 타이먼』을 인용했는데요. 『자본』에서도 이 작품을 다시 인용하고 있습니다. "금! 황색의 휘황찬란한, 귀중한 황금이여! / 이것만 있으면 검은 것도 희게, 추한 것도 아름답게 / 악한 것도 착하게, 천한 것도 귀하게, 늙은 것도 젊게 / 겁쟁이도 용감하게 만들 수 있구나."[김, 171, 각주 42; 강, 205, 각주 91]

이것이 "절대적인 사회적 부의 형태"로서 '화폐의 힘'입니다. 화폐를 쌓아두는 것은 이 힘을 쌓아두는 겁니다. 마르크스는 "화폐를 보유하는 건…… 현자의 돌을 발견하는 것"과 같다고도 했죠.[79] 그런데 마르크스는 축장화폐에서 우리 사회의 두 가지 흥미로운 면모를 발견했습니다.

첫째, 축장화폐가 보여주는 바는 '사회적 힘'(gesellschaftliche Macht)을 '사적인 힘'(Privatmacht)으로 만들 수 있다는 뜻입니다.[김, 172; 강, 206] 사회적인 것을 사적으로 소유하고 축적할 수 있는 거죠. 우리는 가치가 사회적인 것이며, 가치형태로서 화폐가 사회적이라는 것을 알고 있습니다. 하지만 마찬가지로 사회적인 것인 언어나 법과 달리 화폐는 사적으로 소유하고 축적할 수 있습니다. 언어나 법도 권력과 무관한 것은 아닙니다만 그렇다고 이것들을 사적으로 소유하고 축적할 수는 없습니다. 단어들을 누군가 사적으로 독점하고 있다고 생각해보세요. 그 순간 언어로서 갖는 성격을 잃을 겁니다. 하지만 '부의 형태'로서 화폐는 그것을 가능케 합니다. '부'라고 하는 사회적이고 추상적인 것이 '사물'의 형태로 존재하기 때문입니다. 그래서 개인은 화폐를 축적함으로써 사회적 관계에서 나오는 힘을 사유재산화하는 겁니다.

둘째, 축장화폐는 구체적 상품, 구체적인 물건에 대한 욕망과는 다른 욕망을 보여줍니다. 앞서 말한 것처럼 축장화폐에 대한 충동은 물건에 대한 욕망이 아니라 부에 대한 욕망, 다시 말해 치부욕을 나타냅니다. 그런데 물욕과 달리 치부욕에는 한계가 없습니다. 인간의 욕망이란 끝이 없다는 말을 많이 합니다만 물욕은 사실 그렇지가 않습니다. 물욕에는 한계가 있습니다. 신발에 대한 욕심이 많은 사람도 신어볼 수도 만져볼 수도 없을 만큼을 원하지는 않습니다. 우리 모두는 유한

한 존재이기 때문에 사물들과 무한한 접촉을 유지할 수 없습니다. 하지만 치부욕은 그렇지 않습니다. 천억을 갖고 있는 사람도 이천억을 갖고 싶어하고, 천조를 갖고 있어도 이천조를 원합니다. 세계 제일의 부자도 결핍감을 느끼는 것이 치부욕입니다. 마르크스는 자본주의적 인간의 치부욕을 시시포스의 노동에 비유하는데요. "그는 정복을 통해 국토를 아무리 넓히더라도 여전히 새로운 국경과 마주치게 될 뿐인 세계정복자와 비슷"하다는 거죠.[김, 173; 강, 207]

그런데 세계정복자가 정복자가 되기 위해서는 먼저 철저히 노예가 되어야 합니다. 모든 것의 주인이 되기 위해서는 먼저 돈의 노예가 되어야 하죠. 그는 화폐축장의 욕망 때문에 다른 모든 것들을 희생해야 합니다. "자기의 육체적 쾌락을 희생해" 황금이라는 물신을 섬깁니다. 그는 "금욕의 복음을 진심으로 믿"습니다. 더 많이 생산하고 더 많이 판매하되 더 적게 소비하고 더 적게 구매하는 것. 돈을 단지에 넣어두고는 절대로 꺼내 쓰지 않는 수전노 내지 구두쇠가 되는 겁니다. 그것이 화폐축장자의 정치경제학입니다.[김, 173; 강, 207]

참고로 마르크스는 축장화폐자가 시시포스적 노동에 내몰리는 이유를 화폐의 "양적 제한성과 질적 무제한성 사이의 모순"에서 찾았는데요.[김, 173; 강, 207] 현실적으로 축장할 수 있는 화폐량은 한정되어 있지만 '부의 일반적 대표'로서 화폐를 축장하려는 욕망은 질적으로 무한하다는 이야기입니다. 그런데 나는 치부욕의 특성과 관련해 양적 제한성과 질적 무제한성을 마르크스와 다르게 표현하고 싶습니다. 물욕과 치부욕을 비교해보면 욕망의 양적 성격과 질적 성격의 무제한성이 뒤바뀌어 나타나는 것 같습니다.

물욕의 경우에는 방금 말한 것처럼 양적으로 제한되어 있습니다. 어느 양을 넘어서면 욕망에 의미가 없습니다. 질적으로는 정말 다양합니다. 사실상 무한하다고 해도 좋을 정도지요. 어떤 사람이 탐내는 물건을 다른 사람은 도저히 이해할 수 없는 경우가 많습니다. 자전거에 꽂힌 사람이 있는가 하면 시계에 꽂힌 사람도 있습니다. 아니죠. 욕망은 더 세분화됩니다. 자전거 안장에만 꽂힌 사람이 있는가 하면 시곗줄에만 꽂힌 사람도 있지요. 그것이 물욕이라면 양적으로는 제한되지만 질적으로는 사실상 무한합니다.

하지만 치부욕은 다릅니다. 치부욕은 방금 말한 것처럼 양적으로는 무한하죠. 천조 원의 돈도 충분하지 않으니까요. 하지만 질적으로는 단조롭습니다. 동질적이죠. 어떤 것을 원하든 돈으로 다 표현될 수 있잖아요. 욕망을 '돈'이라는 단일한 사물로 계산할 수 있습니다. 말 그대로 돈만 더 주면 되는 거죠.

화폐의 기능적 현존 중 하나인 축장화폐는 이처럼 우리 시대 사람들의 권력과 욕망의 특성을 잘 보여줍니다. 다만 유의할 것이 있습니다. 축장화폐를 자본과 동일시해서는 안 됩니다. 화폐축장의 어떤 면모들은 자본과 무척 닮아 있습니다. 하지만 이것은 화폐의 기능적 현존 중 하나이지 그 자체로 '자

본'은 아닙니다. 돈을 단지에 쌓아두는 수전노의 욕망은 자본
가가 지닌 욕망의 어떤 면모를 보여주지만, 그래도 수전노는
자본가가 아닙니다. 그 차이를 우리는 이 시리즈의 다음 권에
서 볼 겁니다.

　◦ 돈을 갚아라, 아니면 살덩이라도 내놓든지!

화폐 자체가 거래의 목적이 되는 경우는 또 있습니다. 앞에서
도 조금 언급했는데요. 지불수단(Zahlungsmittel)으로서 화폐
가 그렇습니다. 유통수단에서의 구매와 지불수단에서의 지불
을 혼동하는 경우가 있는데요. 엄밀히 하자면 구매는 화폐로
상품 값을 치른 겁니다. 그런데 지불의 경우 상품은 양도받았
지만 값은 나중에 치릅니다(신용화폐를 떠올려보세요). 양도와
지불 사이에 시간적 간격이 있지요. 상품을 양도받은 사람이
건네는 것은 현금이 아니라 약속증서, 이를테면 어음입니다.
　생판 모르는 사람과 이런 거래를 할 수는 없습니다. '뭘
믿고' 물건을 건네겠습니까. 개인적 친분이 없다면 최소한 약
속을 보증할 제도적 기반이라도 마련되어 있어야 합니다. 그
러므로 지불수단은 유통수단과 아주 다른 기반을 가진 화폐
의 기능적 현존입니다. 유통수단을 가진 아마포 직조공은 성
경책 소유자와 아무런 친분 없이, 아무런 사전 관계 없이 성경
책을 거래할 수 있었습니다. 마르크스의 말처럼 "유통수단의
유통은 단순히 판매자와 구매자 사이의 관련(Zusammenhang)
을 표현할 뿐"이며 이 관계라는 것도 "화폐유통과 더불어 성

립"하지요. 하지만 "지불수단의 운동은 이미 그 이전에 형성된 사회적 관련을 나타내는 것"입니다.[김, 178; 강, 212]

상품유통이 발전하면 상품을 건네는 것과 값을 치르는 것 사이의 시간적 괴리가 자주 나타납니다.[김, 175; 강, 209] 상품생산 기간이 긴 제품도 있고 상품이 원격지에서 생산되는 것도 있으며, 구매와 판매의 반복으로 친분이 많이 쌓인 경우에는 신용 곧 믿음을 가질 수도 있고, 또 이것을 뒷받침하는 사회적 제도도 발전할 테니까요.

그래서 판매자는 상품을 넘겼는데 구매자는 아직 값을 치르지 않은 경우도 있고, 반대로 구매자는 이미 구매했는데 상품을 나중에 건네받는 경우도 있습니다. 전자는 약속어음을 끊어주고 물건을 건네받는 경우일 것이고, 후자는 주택임대처럼 돈을 먼저 건넸지만 임대 기간을 다 채우고 나서야 상품(주택 사용)을 다 건네받은 것이 해당합니다. 원격지 교역도 그렇지요. 돈은 배 떠날 때 지급했지만(그래서 배가 실을 짐에 대한 소유권은 확보했습니다), 물건은 항해를 마친 뒤 건네받습니다. 아직 말할 단계는 아닙니다만, 이미 16세기 대외교역 상인들은 아메리카나 아프리카에서 선적하지도 않은 물건들에 대한 소유권을 유럽에서 사고팔았답니다. 특수한 몇몇 사례가 아닙니다. 대외교역에 나선 상인들에게는 아주 일반화된 거래 방식이었지요.

앞서도 말했지만 화폐는 기능적 현존에 따라 각기 다른 역사를 가지고 있습니다. 나중에 통합되기는 하지만요. 주화가 발전해 지폐가 되고, 지폐가 발전해 신용화폐가 되었다는 것은 잘못된 통념입니다. 유럽 어딘가에서는 물물교환 수준의 거래가 있었는가 하면 어딘가에서는 주화를 쓰고 있었고 또 어딘가에서는 종이와 펜만 가지고 놀라운 신용거래를 하고 있었습니다. 심지어 18세기 말에도 유럽 도시의 어느 곳에서는 스미스의 증언처럼 "빵가게나 맥줏집에 돈 대신 [연장통을 뒤져] 못을 가지고 가는 것이 보기 드문 일이 아니"었지만,[80] 자산가들은 채권과 주식에 막대한 재산을 투자하고 대상(大商)들은 은행권과 어음으로 거래를 했습니다.

다시 지불수단 이야기로 돌아갈까요. 구매자가 상품의 대가를 지불하지 않았지만 그 상품을 샀다고 해봅시다. 그러니까 약속증서만 주고 소유권을 건네받았습니다. 그는 미래의 화폐로 현재의 물건을 산 셈인데요. 이 경우 구매자는 채무자가 되고 판매자는 채권자가 됩니다.[김, 176; 강, 211] 상품매매가 채권채무 관계로 변한 겁니다. 판매자는 화폐를 받는 대신 채권을 쥐게 되죠. 말하자면 그가 갖게 된 것은 "민법상의 화폐청구권"입니다.[김, 177; 강, 211] 기한이 지났는데도 지불이 이루어지지 않는다면 그는 법적 강제력을 동원해 구매자의 다른 재산에 대한 처분권을 행사하겠지요.

기한이 닥치기 전에 구매자는 화폐를 마련해야 합니다. 앞서 유통수단일 때 판매자가 화폐를 마련하는 이유는 다른 상품을 구매하기 위해서였습니다. 그리고 좀 전에 화폐축장자가 화폐를 마련한 이유는 언제 어디서든 상품을 구매할 힘을 축적하려는 것이었지요. 그런데 지불수단으로 쓰일 경우 구매자가 화폐를 마련하는 이유는 빚을 갚기 위해서입니다. 빚을 갚지 못하면 재산이 강제 매각될 테니까요.[김, 177; 강, 211]

셰익스피어의 『베니스의 상인』에서 고리대금업자 샤일록은 칼자루를 쥡니다. 자신에게 돈을 빌린 상인 안토니오가 만약 그 빚을 갚지 못하면 '살덩어리'라도 잘라 주겠다고 약속했으니까요. 이 작품에서는 채무자가 요행히 채권자의 칼날을 피했지만 현실에서는 대개 그렇지 않습니다. 빚을 갚지 못하면 길거리에 나앉게 됩니다. 필요한 상품을 신용에 기초해 거래할 수 있다는 신용사회의 아름다운 문장 밑에는, 피도 눈물도 없는 상인들의 '잔인한 정신'이 있다는 걸 잊으면 안 됩니다.[김, 176, 각주 48; 강, 210, 각주 97] 유통에서는 판매자와 구매자라고 불렸지만 지불에서는 채권자와 채무자가 된다는 것이며, 그게 어떤 것인지를 생각할 필요가 있습니다.

○ 종이와 연필만으로도 충분하다

상품거래가 채권채무 형태로 바뀌면서, 가치척도와 유통수단의 의미도 미묘하게 달라집니다.[김, 176~177; 강, 210~211] '가치척도'는 상품의 가격을 나타내면서 구매자가 진 채무의 크기가 되고, '유통'이라는 과정에서는 상품과 화폐가 서로 시간을 달리해 나타납니다. 상품이 들어왔을 때는 지불수단으로서 화폐가 들어오지 않은 때이며, 회폐가 들어왔을 때는 해당 상품이 이미 유통에서 빠져나간 뒤입니다. 이렇게 되면 '채무들'이 상품들의 가격총액을 나타냅니다. 그러면 앞서 본 통화량 공식이 수정되어야겠지요. 상품유통에 필요한 유통수단의 양을 계산할 때 지불수단의 양과 유통속도도 고려해야 하니까요.[김, 180; 강, 214]

지불수단의 유통속도는 채권·채무 관계의 연쇄에 따라, 또 지불기한의 길이에 따라 달라집니다. 채권·채무 관계의 연쇄에 따라 생겨난 새로운 거래 관행이나 제도도 고려해야 하는 거죠. 이런 경우를 생각해볼까요. A가 B에게 10억 원을 지불해야 합니다. 그리고 B는 C에게 8억 원을 지불해야 합니다. 그런데 C가 A에게 8억 원을 빚진 게 있습니다. 그러면 A가 굳이 10억 원을 준비해야 할까요? 그냥 세 사람이 어느 날(지불기일) 함께 모여 A가 B에게 2억 원만 주고 서로의 채권·채무가 청산되었음을 확인하면 되지 않을까요? 그럼 필요한 지불수단의 양도 대폭 줄겠지요.

실제로 이런 관행과 제도가 아주 일찍부터 생겨났습니다. 처음에는 상인들이 교역을 위해 모이는 '페어'(fair) 즉 '정기시'에서 이런 일들을 했습니다('북페어' 같은 걸 떠올리면 됩니다). 이런 페어들 중에서도 중심 역할을 하는 시장이 있었죠. 글자 그대로 '중심정기시'(central fair)라고 하는 곳인데요. 마르크스가 본문에서 언급한 리용(Lyon)이 그런 곳입니다. 리용은 15세기 중반부터 16세기 후반까지 화폐거래에서 중심 역할을 한 도시였습니다. 리용에는 각국 화폐들에 대한 시세표가 있었고 새로운 환율이 결정되었습니다.

리옹에서 상인들은 지정된 장소에 어음이나 채권을 들고 나타납니다. 엄격한 공증을 거친 뒤 서로 지불기한을 확인하고요. 환율 시세도 조정합니다. 그리고 정기시가 끝날 무렵, 소위 '지불주간'이라 불리는 마지막 주에 모두 모여 채권·채무를 청산하고, 지불이 안 된 것에 대해서는 새로운 어음을 발행합니다.[81]

엄청난 규모의 채권·채무가 이런 식으로 '눈 녹듯' 사라졌습니다. '청산'(clearing)이라는 말뜻 그대로였죠. 일반인들이 보기에는 마법과 같았을 겁니다. 거래액은 엄청난데 실제로 동원한 화폐는 얼마 되지 않았거든요. 실제 화폐는 차액 정도의 지불에나 쓰였으니까요. 이런 관행은 점차 제도화되는데요. 정기시처럼 시장이 열리는 특정 주간이 아니라 아예 상시적으로 채권·채무 거래를 가능케 했지요. 17세기에, 오늘날에도 흔히 볼 수 있는 '거래소'(bourse)가 만들어졌습니다.

지불기한에 대해서는 덧붙일 것이 있습니다. 지불기한은 거래상품의 특성에 따라 다양하게 정해졌는데요, 대체로 나라마다 전통적인 지불결제일이 있었습니다.[김, 183; 강, 216] 농업생산물이 대표적 예가 되겠습니다만, 생산물이 자연적 조건에 근거한다면 생산물이 산출되는 때와 지불기일이 맞물려 있는 경우가 많습니다.

나는 농촌에서 자랐는데요, 어릴 때 추곡수매가 이루어지던 때의 풍경이 눈에 선합니다. 거대한 창고 앞에는 등급 도

장이 찍힌 나락들이 잔뜩 쌓여 있었지요. 이때가 1년 내 밀려 있던 채권·채무가 청산되는 시기였습니다. 술집주인들도 추곡수매장 근처를 돌아다녔고 아마 노름빚 받으러 온 사람들도 있었을 겁니다. 어머니가 제일 민감해지는 때이기도 했습니다. 어머니는 아버지가 내민 봉투를 몇 번이나 세고 또 셌습니다. 그리고 모자라는 돈을 따졌지요. 그때 우물쭈물하던 아버지 표정이 떠오르네요. 어머니에게 말하지 않은 소소한 채무들이 있었던 거죠.

상품생산이 발전하고 이런 제도와 관행들이 발전해가면 지불수단의 기능은 상품유통의 영역을 넘어섭니다.[김, 182; 강, 215] 온갖 계약들에 지불수단이 활용되고 지대나 조세도 현물형태에서 화폐형태로 바뀝니다. 앞서 은행권에 대해 말할 때 잠시 언급했는데요, 조세를 현물 대신 화폐로 내는 것이 지금 기준으로는 매우 편할 것 같습니다만(실제로 자본주의적 상품거래가 활성화되면 화폐가 편하겠지요), 역사적 사례를 보면 꼭 그렇지가 않습니다. 현물납부에서 화폐조세로 전환하는 과정에서 엄청난 착취가 일어났거든요. 화폐의 상대적 가치가 올라가고 현물의 가치가 상대적으로 떨어져 실제로는 이전보다 더 많은 현물을 내는 효과를 냈습니다. 마르크스도 이 점을 지적했는데요. "루이 14세 치하 프랑스 농민들의 극심한 빈곤은 고율의 세금 때문일 뿐 아니라 현물조세가 화폐조세로 전환되었기 때문"이라고요.[김, 182; 강, 215]

그뿐 아니라 화폐조세는 화폐의 유통을 전국화하는 데도

크게 기여했습니다. 이는 제2장을 다루면서 말한 화폐의 파괴력을 전면화하는 효과를 냅니다. 현물납부 기반이었던 전통적 생산 시스템을 파괴할 수 있지요. 근대적 시각에서 보면 낡은 생산양식을 혁파하는 효과를 냅니다만, 전통적 시각에서 보면 오랫동안 유지되어온 생산방식과 인간관계를 파탄 내는 효과가 있습니다.[김, 182~183; 강, 215]

사실 화폐조세는 마르크스의 말처럼 상품과 화폐유통의 발전과 확대에 기인한 면도 있습니다만 반대로 화폐조세 덕분에 화폐거래·화폐문화가 확산되기도 했습니다. 다양한 현물들, 더 나아가 국가에 제공해야 할 용역까지, 국가가 세금을 화폐의 형태로 걷으면서 현물들 사이 그리고 현물과 용역 사이의 등가성이 사람들에게 쉽게 인식되었을 테니까요. 노역이나 군역을 일정액의 돈으로 해결할 수 있다면 사람들은 그런 활동의 가치를 화폐로 계산할 수 있겠죠. 재화도 활동도 가격을 갖는 겁니다. 그럼 사람들의 머릿속에서는 '재화＝서비스＝화폐'라는 화폐경제의 등식이 더 쉽게 자리잡겠지요.

참고로 헤겔은 화폐조세야말로 보편자로서 국가의 모습에 잘 부합한다고 보았습니다. 개개인들의 능력이 직업이나 생산물에 상관없이, 모든 특수한 재화와 서비스에 대해 '화폐'라는 하나의 보편적 형식을 부과함으로써 국가가 보편자로서 신민들에게 나타난다는 것이죠.[82] 하지만 거꾸로 말할 수도 있습니다. 보편자인 국가가 화폐조세를 통해 화폐를 부의 보편적 형태로 더 부각했다고요.

종이와 연필로 이루어진 마법은 여기까지입니다. 마치 가치
척도인 화폐로 지구의 가치를 쟀을 때처럼 신용만 있다면 우
리는 종이에 큰 액수의 돈을 기입할 수 있습니다. "인천항에
배 들어오면 그때 틀림없이 지불할게." 그렇게 말할 수 있지
요. 하지만 앞서 가치척도로서 화폐를 다룰 때 『신곡』을 언급
하며 말했듯 중요한 것은 '그 돈이 지금 네 주머니에 있는가'
이지요. 지불수단에서도 그런 문제가 닥칩니다. 심판의 날은
분명히 닥칩니다. 약속에는 시효가 있습니다. 어음에는 만기
가 있지요. 자, 때가 되었습니다!

　왜 지불수단이 화폐를 목적으로 하는 화폐인지가 여기
서 분명해집니다. 지불하겠다며 상품을 들고 오는 것은 의미
가 없습니다. 보통의 상품은 만기 때 힘을 발휘할 수 없어요.
돈을 들고 오거나, 안 되면 금덩어리라도 가져와야 합니다. 종
이에 서명할 때는 숫자로 충분했지만 지불수단으로서 화폐는
몸뚱이를 가진 돈이어야 합니다. 상상의 금이 아니라 딱딱한
금 말입니다. '경화'(hartes Geld)라고 하지요.

　경기가 좋을 때는 약속을 연장할 수 있을 겁니다. 어음
연장도 곧잘 됩니다. 하지만 경기가 좋지 않을 때는 상황이 완
전히 달라집니다. 그때 채권자는 곧바로 칼을 든 샤일록이 되
지요. "조금 전까지만 해도 부르주아는 호경기에 도취되어 자
신만만하게 '상품이야말로 화폐'라고 하면서 화폐를 순전히
관념적 산물이라고 선언했다. 그런데 이제는 모든 시장에서

화폐만이 상품이라고 외치는 소리가 들려온다. 사슴이 신선한 물을 갈망하듯 부르주아 영혼은 유일한 부인 화폐를 갈망한다."[김, 179; 강, 213]

이때는 상품의 본래 가치가 얼마이든 상관이 없습니다. 현금을 구해야 하니까요. 상인들은 상품들을 떨이처럼 팔아치웁니다. 상품들을 바닥에 내던지다시피 하며 돈을 구합니다. 급전을 구하고 제2금융권을 찾고 사채업자한테까지 손을 내밉니다. 그리고 종종 신문에 실리듯 샤일록에 쫓겨 자살을 하거나 장기를 빼앗기는 일까지 있습니다.

그런데 상품유통이 확대되면 그에 따라 지불도 연쇄되어 있기 마련입니다. 한 채권자는 다음 사람에게는 채무자인 경우가 많죠. 서점에서 지불을 받지 못한 출판사는 인쇄소로부터 지불 독촉을 받지요. 지불이 연쇄되어 있습니다. 한쪽에 문제가 생기면 사회 전체로 퍼져갑니다. '화폐공황'(Geldkrise)이 일어나는 거죠. 이런 지불수단 문제 때문에 화폐를 준비금으로 저장해둘 필요가 생깁니다. 꼭 자산을 저장하는 축장 기능만이 아니라 지불을 위한 준비금을 확보해두는 것이지요.[김, 184; 강, 217]

화폐공황은 산업공황이나 상업공황의 한 국면일 때도 있습니다. 산업공황이나 상업공황이 생기면 기업이 도산하고 지불 문제가 생길 테니까요. 자본주의의 거의 모든 위기는 화폐를 통해 나타나니 당연한 일입니다. 기업의 이윤에 문제가 생겼을 때도, 시장의 수요·공급에 문제가 생겼을 때도 화폐공황 현상이 나타날 수 있습니다.

하지만 마르크스는 산업공황이나 상업공황과는 별개 차원에서 화폐공황이 나타날 수 있다고 말합니다. 2008년 서브프라임모기지 사태에서 출발한 금융위기 때도 그랬습니다만, 상품의 생산이나 판매와는 별개로, 지불의 문제 자체에서 파생한 공황이 있습니다. 이때에는 "화폐자본이 그 운동의 중심이며, 따라서 은행·증권거래소·금융계가 직접적 영향을 받"습니다.[김, 179, 각주 50; 강, 212, 각주 99] 이런 메커니즘은『자본』III권에서 더 자세히 다룹니다. 다만 우리는 여기서 화폐의 기능적 현존에 따라 전혀 다른 형태의 위기, 다시 말해 다른 형태의 공황이 생긴다는 사실을 이해해둘 필요가 있습니다. 화폐의 기능적 현존에 따라 발발할 수 있는 공황의 형태가 달라진다는 겁니다.

◦ 세계화폐―화폐가 국민적 복장을 벗어버리면
화폐를 화폐 자체로, 다시 말해 금을 금덩어리 모습 그대로 원하는 마지막 경우는 '세계화폐'(Weltgeld)입니다. 지불수단으로서 화폐가 거래의 시간적 확장의 문제였다면 세계화폐는 거래의 공간적 확장과 관련됩니다. 거래가 국경을 넘어서면 국내용 주화, 가치상징 같은 것은 통하지 않습니다. 여기서는 지금(地金) 즉 '금덩이'가 필요합니다. 화폐가 "국민적 복장을 벗어버리고 원래의 귀금속덩어리 형태로 되돌아"가는 거죠.[김, 184; 강, 217]

세계화폐는 '일반적' 지불수단이고, '일반적' 구매수단이며, 부 '일반의' 절대적·사회적 체현물입니다.[김, 186; 강, 218] 여기서 '일반적'이라는 말은 국민국가의 좁은 틀을 넘어선다는 말입니다. 세계화폐가 일반적 지불수단이라는 것은 우선 국제수지상의 차액을 결제하는 수단이 된다는 것이고, 일반적 구매수단이라는 것은 여러 이유로 국가 간의 생산물 흐름에 교란이 생겼을 때(정치·외교적 상황 때문일 수도 있고 전쟁 때문일 수도 있습니다) 외국 생산물을 구매할 수단이 된다는 뜻입니다. 끝으로 부 '일반'의 절대적·사회적 체현물이라는 것은 한 나라에서 다른 나라로 '부'를 이전해야 할 때 사용될 수 있다는 거죠. 해외원조금이나 전쟁배상금 같은 것입니다. 이를테면 프로이센·프랑스전쟁에서 참패한 프랑스는 막대한 금을 금속의 형태로 프로이센에 배상해야 했습니다. 한 나라에서 다른 나라로 '부' 자체를 이전하는 겁니다.

우리는 국내 유통수단이나 지불수단으로서 금과 세계화폐로서 금을 혼동하면 안 됩니다. 기능적 현존이 완전히 다릅니다. 동일한 금이지만 기능적 현존에 따라 움직이는 양상이 달라요. 이것을 혼동한 예가, 마르크스가 주석에서 살짝 언급한, 영국의 '1844년 은행법'입니다.[김, 184, 각주 59; 강, 217~218, 각주 108] 이 주석에서 마르크스는 영국이 국내 유통에서 가치척도 역할을 하는 금속(금)만을 세계화폐의 준비금으로 보유했기에 겪은 곤란만을 지적했습니다. 하지만 '1844년 은행법'의 핵심은 은행이 보유한 지금(금괴, bullion)의 양에 따라 은행권 발행을 엄격히 규제한 데 있습니다. 소위 '통화원리'(currency principle)라는 것이 관철되었는데요. 이 원칙에 강한 영향을 준 학자가 리카도(D. Ricardo)입니다. 노동가치론자인 그는 적극적 의미에서는 '화폐론'을 갖고 있지 않았습니다. 그에게 화폐란 그저 가치의 변동을 충실하게 반영하면 그만입니다. 하지만 현실적으로 그런 화폐란 존재하지 않죠. 리카도는 그래도 화폐남발로 인해 불확실성이 더 커지는 상황은 막아야 한다고 봤습니다. 그래서 화폐발행을 엄격히 규제해야 한다고 주장했지요.[83] 사실상 흄의 화폐수량설과 다르지 않은 생각이었습니다.

문제는 이것이 국내 유통이 아니라 국제 유통과 연계될 때 생겨났습니다. 리카도는 애초 이 문제를 그다지 신경 쓰지 않았습니다. 외국의 물건이 많이 들어오면 세계화폐로서 금이 영국에서 나가겠죠. 그런데 금이 나가면 그만큼 국내 통화량이 줄 테니까 물가가 떨어집니다. 그리고 물가가 떨어지면 영국이 수출하는 물품들의 가격이 상대적으로 낮아지겠죠. 그럼 무역에서 유리합니다. 다시 말해 금이 영국으로 돌아온다는 이야기입니다. 금세 균형을 회복하겠지요. 그런데 유감스럽게도 현실은 그의 생각처럼 되지 않았습니다. 왜 그랬을까요? 리카도는 국내에서 지폐를 너무 많이 발행했기 때문이라고 했습니다.[84] 지폐가 남발된 탓에 물가가 인상되었고 그래서 수출가가 낮아지지 않았다는 거죠.

하지만 이런 생각을 강하게 비판한 사람들이 있었습니

다. 은행학파(Banking School) 사람들이었는데요. 토머스 투크 (T. Tooke)와 존 풀라턴(J. Fullarton)이 '1844년 은행법'을 강하게 비판했습니다. 마르크스는 『자본』 III권에서 한 장(28장)을 할애해 이들의 입장을 검토했고, 리카도에 대한 이들의 비판을 수긍했습니다('화폐의 기능별 차이'와 '화폐와 자본의 차이'를 혼동한 부분은 강하게 비판했지만요).[85] 이들은 유통수단 및 지불수단에 대한 국제 수요와 국내 수요는 완전히 다르다고 말했습니다. 세계화폐로서 귀금속이 사용되는 것과 국내에서 은행권이나 주화가 사용되는 것은 원리나 양상이 전혀 다르며, 국제 지불을 위한 준비금으로 화폐를 쌓아두는 것은 그 자체로 국내의 화폐운동과 관련을 맺지 않는다는 거죠. 지금 여기서 『자본』 III권의 이야기를 끌고 갈 수는 없습니다만, 화폐를 그 기능적 현존에 따라 잘 구분해야 한다는 점은 다시 한번 강조해둡니다.

　　여기까지입니다. 이렇게 해서 여러 형태의 화폐, 화폐의 기능적 현존에 대한 설명이 모두 끝났습니다. 『자본』 I권 제2장 '상품의 교환과정'에서도 그렇고 제3장 화폐에 대한 논의에서도 그렇지만, 마르크스의 섬세한 독해에는 항상 혀를 내두르게 됩니다. 두 상품소유자가 만난다는 단순한 사실로부터 그는 (과거 공동체와 다른) 근대사회 인간관계의 특징을 읽어냈습니다. 그리고 화폐가 가진 각각의 기능이 전제하거나 수반하는 관계가 어떤 것인지 읽어냈고 그 기능에 내재한 자본주의사회에 고유한 위기의 양상들을 읽어냈습니다. 매 장을 읽을 때마다 '잘 읽는다는 것은 이런 것이구나' 하는 생각을 하게 됩니다.

이 시리즈의 다음 권(4권)에서 우리는 드디어, 이 책의 제목이기도 한, '자본' 개념과 마주합니다. 우리가 만날 '자본'의 모습은 오늘 우리가 본 '화폐', 특히 '화폐로서 화폐'와 무척 닮아 보일 겁니다. '화폐로서 화폐'에서는 거래의 목적이 화폐에 있었습니다. 우리는 틈나는 대로 화폐를 쌓고 모으는 사람들을 봤습니다. 하지만 '화폐로서 화폐'와 '자본'은 다릅니다. 마르크스는 지금까지 우리에게 대강 보면 안 된다는 걸 보여주었습니다. 작은 차이로 보이지만 나중에 그것이 천지를 가르는 차이가 됩니다.

예고편 삼아 말하자면 우리는 다음번에 두 개의 대비되는 형태를 만날 텐데요. 하나는 '상품-화폐-상품'(W-G-W)이고, 다른 하나는 '화폐-상품-화폐'(G-W-G)입니다. 전자는 상품이 목적인 거래이고, 후자는 화폐가 목적인 거래입니다. 사소한 배열 차이로 보이지만 그 의미는 아주 다릅니다. 게다가 화폐가 목적인 경우에도, 우리가 이번에 본 '화폐로서 화폐'가 아닙니다. 작은 차이로 보이는 것이 사실은 큰 차이라는 것! 이것이 독해의 매력, 해석의 매력이지요. 다음번에 우리는, 도약할 겁니다!

Ⅰ──돈의 얼룩과 냄새

Ⅱ──공동체와 화폐①: 공동체화폐

Ⅲ──공동체와 화폐②: 노동시간전표와 노동화폐

Ⅳ──마르크스의 비유: '몸을 파는 여성'과
'가죽을 파는 동물'

돈은 냄새를 없애고 얼룩을 지운다고 했습니다. 어디서 왔는지 알 수 없게 한다고요. 돈만 봐서는 아마포를 팔고 받은 것인지 위스키를 팔고 받은 것인지 알 수 없습니다. 절도나 강도짓을 통해 얻은 것인지도 말해주지 않습니다. 금융사기로 모은 돈이든 콩나물을 팔아 모은 돈이든, 빳빳한 돈이든 구겨진 돈이든, 돈은 모두 같습니다. 경제적 관점으로는 그렇습니다.

하지만 인간은 사물과 행동에 온갖 의미를 부여하는 존재이고 돈에 대해서도 예외가 아닌 듯합니다. 돈은 아무런 얼룩이나 냄새도 없고 오직 양적으로만 차이가 날 뿐 어떤 질적 차이도 없는 것 같은데 일상적 관행을 보면 꼭 그렇지만도 않습니다.

돈은 문화를 바꾸는 독립변수이기도 하지만 문화의 지배를 받는 종속변수이기도 합니다. 문화적 관점에서 보면, 사람들이 돈의 출처와 용도에 상당히 신경 쓴다는 걸 알 수 있습니다. 비비안나 즐라이저(V. A. Zelizer)의 말처럼 현대사회에서도 화폐는 다양한 질을 갖고 있는 것 같습니다. 본문에서 나는 '돈 자체가 세탁'이라고 했지만, 사실 '돈세탁'이라는 말이 있는 걸 보면 우리는 여전히 돈에 얼룩이 묻어 있다고 생각함에 틀림없습니다.[86]

돈세탁이란 부정한 돈의 출처에 대한 당국의 추적을 모

면하기 위한 기술적 조치들을 이르는 말입니다. 하지만 사람들은 꼭 범죄가 아니더라도 돈의 출처를 의식하는 행동을 합니다. 출처에 따라 용도나 씀씀이를 달리하죠. 유산으로 받은 돈, 임금으로 받은 돈, 복권 당첨으로 받은 돈, 은행에서 훔친 돈, 친구에게 빌린 돈. 어떻게 번 돈인가에 어떻게 쓸 것인가가 영향을 받습니다.

임금의 경우에는 대체로 가계의 기본 운영 경비로 많이 쓰고, 부업으로 번 돈은 외식 등 비일상적 지출에 쓰는 경향이 있습니다. 임금이라도 보너스라면 또 용도가 달라집니다. 오슬로 매춘부들의 지출에 대한 한 연구에 따르면, 매춘부들은 국가가 지급하는 복지수당은 집세 지불 등에 쓰는 반면, 화대로 받은 돈은 약물이나 의복 혹은 충동적 소비에 쓰는 경우가 많았다고 합니다.[87] 출처에 대한 기억이 돈에 덧씌워져 있는 것이죠.

돈의 용도가 독특한 행동을 낳기도 합니다. 우리나라 은행들은 설이 다가오면 신권을 잔뜩 준비해둡니다. 사람들이 세뱃돈으로 신권을 원하니까요. 구겨진 돈이든 빳빳한 돈이든 경제적 가치로 따지자면 아무런 차이도 없지만 사람들은 이런 행동을 합니다.

돈은 누구나 좋아할 것 같지만 맥락에 따라서는 매우 부적절한 것이 될 때도 있습니다. 문제를 '돈으로 해결하려 들 때' 오히려 해결이 안 되는 경우도 있고, 돈을 주는 것이 예의에 어긋나는 때도 있습니다. 돈은 대체로 윗사람이 아랫사람에게 주는 것이 일반적입니다. 세뱃돈 같은 것이 그렇죠. 수업료도 학생이 선생에게 직접 돈을 내밀면 어색합니다. 뭐, 요즘은 명절에 부모님께 용돈을 드리는 관행이 널리 퍼져 있고 학원비를 아이가 선생님에게 직접 주는 경우도 있다지만요. 용도에 따라서는 거스름돈을 요구하는 것이 문제가 될 때도 있지요. 결혼식 축의금이나 장례식 부의금을 내면서 수표를 내고 일부를 거슬러 받는 것은 어색합니다.

돈 자체는 무색무취한 것일 수 있습니다. 그러나 우리 삶은 의미로 가득 차 있고 우리는 우리의 행동과 우리가 마주하는 사물에 끊임없이 의미를 부여합니다. 돈은 무엇을 할 수 있고 무슨 의미를 갖는가. 우리에게 돈은 어떤 것인가. 그것은 돈의 양을 둘러싼 정치적·경제적 투쟁만큼이나 돈의 의미를 둘러싼 문화적·해석학적 투쟁에 달려 있습니다.

II —— 공동체와 화폐①: 공동체화폐

마르크스는 화폐가 공동체들의 바깥에서 생겨났다고 했는데, 화폐가 전제하는 인간관계가 공동체적 인간관계와 맞지 않기 때문입니다. 그런데 공동체화폐(community money)나 지역통화(local currency) 운동이라는 것도 있습니다. 흥미로운 점은 이 운동들 중 상당수가 화폐를 통해 공동체적 인간관계의 회복 내지 생성을 목표로 한다는 사실입니다.

1983년 마이클 린튼(M. Linton)이 캐나다의 코목스 밸리 (Comox Valley)에서 지역 기반의 재화 교역 시스템[레츠(LETS; Local Exchange Trade System)라고 합니다]을 만들고 지역화폐를 발행한 이래 세계적으로 수천수만 개의 공동체화폐가 시도되고 있습니다. 원리나 방식은 저마다 조금씩 다릅니다. 하지만 대체로 공동체가 자체 제작한 신문이나 웹페이지에 각자 제공 가능하거나 필요로 하는 서비스나 재화를 올리고 공동체화폐를 매개로 거래하는 방식입니다.

공동체화폐를 지역경제 활성화의 보조 수단으로 활용하는 경우도 있습니다만 공동체의 삶을 비자본주의적으로 전화하는 데도 많이 씁니다. 후자의 경우 화폐가 자본주의적 방식으로 기능하지 못하도록 몇 가지 장치들을 마련해둡니다. 공동체화폐는 보통 계정 형태로 운영되는데 계정에 돈이 쌓여도 이자가 발생하지 않습니다. 오히려 시간이 흐를수록 가치가 떨어지도록 설계하기도 하지요.

아예 회원들에게 음(-)의 무한계정을 제공하는 곳도 있습니다. 그러면 화폐의 축적이 의미가 없어지죠. 누군가가 화폐를 아무리 많이 축적했다 해도 그것이 타인에 대한 강제력으로 작용할 수 없으니까요. 모두가 무한계정을 가졌다면 어떤 경우에도 자신의 계정에서 계속 지불할 수 있잖아요. 물론 이렇게 되면 이론적으로는 화폐의 가치가 없는 것이나 마찬가지입니다. 화폐의 무한유통은 극단적 인플레이션 상태와 같을 테니까요. 하지만 그것은 자본주의적 상품거래를 염두에 둘 때의 이야기입니다. 만약 제 잇속만 차리느라 사람들이 음의 계정을 한없이 키운다면 공동체화폐만 붕괴되는 게 아니고 공동체 자체가 이미 붕괴된 것이겠죠. 음의 값이 커진다는 것은 자신이 공동체 성원들에게 베푸는 것보다 가져가는 것이 더 많았다는 뜻이니, 어느 수준을 넘어서면 당사자에 대한 사람들의 신뢰에 문제가 생길 겁니다. 그래서 그와는 거래를 하지 않으려 할 겁니다. 중앙은행 화폐는 국가가 강제통용을 시킬 수 있지만 공동체화폐에서는 그럴 수 없습니다.

국내에도 공동체화폐를 만들어보고자 시도한 사람들이 있는데요. 1999년 설립된 '한밭레츠'의 '두루'가 많이 알려져 있습니다. 이곳 홈페이지(http://www.tjlets.or.kr)를 참조하면 공동체화폐가 운영되는 대강의 방식을 이해할 수 있습니다. 공동체 성원들 사이에서 다양한 형태의 물품과 노동(벽지 바르기나 물건 배달하기, 피아노 교습 등)이 거래되는 것을 볼 수 있습니다.

공동체화폐는 지역경제 활성화에도 도움이 되고 거래가 지역 안에서 이루어지므로 운송과 관련된 에너지 소비가 적어 생태적으로도 유익하다고 합니다. 하지만 솔직히 경제적·생태적 성과가 어느 정도인지는 모르겠습니다. 다만 내가 읽은 자료들에서 한결같이 이야기하는 것은 공동체 성원들 사이의 인간관계가 강화된다는 점입니다. 신문이나 웹페이지를 통한 거래 정보가 사실상 공동체의 소식에 해당합니다.

게다가 공동체화폐를 주고받는 것은 단순히 재화의 가치를 지불하는 것을 넘어, 함께한다는 의식을 강화해줍니다. 공동체의 물화된 형태를 보는 것이죠. 마르크스는 화폐에 대해 공동체를 파괴한 공동체라고 했지만, 공동체화폐는 화폐를 통해 공동체를 확인하고 소통시킨다고 할까요. 그리고 공동체화폐의 발행과 유통을 통해 얻은 수익을 공동체를 위해 다양하게 활용할 수 있고요(가난한 사람에 대한 생계 지원이나 공동행사를 위한 경비 마련 등), 회계 보고를 겸해 공동체 잔치를 벌이는 경우도 많습니다.

실제로 화폐명칭에도 이런 공동체 정신을 담는 경우가 있습니다. 이를테면 공동체화폐 실험이 꽤 성공적으로 진행된 미국의 '이타카'(Ithaca)에서는 1991년에 'IOU'(I Owe You)라는 화폐를 썼는데[나중에 '아워스'(HOURS)로 바뀌었습니다], 화폐를 사용할 때마다 공동체 성원들의 '상호의존'(interdependence)을 환기하도록 고안된 이름이죠.

내가 최근 접한 공동체화폐 중 인상적이었던 것은 경기도 용인의 작은 공동체 문탁네트워크(moontaknet.com)에서 발행한 '복'이었습니다. 나는 이곳에서 2016년에 『자본』 강의를 했습니다. 이때의 강의가 지금의 이 시리즈를 시작한 배경 중 하나입니다. 이곳은 처음에 공부를 함께하며 일상생활도 나누는 작은 모임으로 시작했지만 지금은 세미나와 강좌 등 공부 프로그램은 물론이고 '품앗이' 활동을 통해 비누와 화장품, 빵과 과자와 커피, 반찬 등을 만들고, 목공소를 통해 가구를 제작하고 수선합니다. 이런 활동들을 따라 공동체화폐인 '복'이 유통되지요.

'복'은 화폐이지만 경제적 가치보다 윤리적 의미가 강해 보입니다. '복'이라는 이름이 벌써 그렇습니다. 복을 발행하고 유통하는 것이 '복을 짓는다', '복을 준다', '복을 받는다'라는 말로 표현됩니다. 앞서 말한 이타카의 'IOU'처럼 화폐의 이름이 공동체 윤리를 환기하는 역할을 합니다. 상품거래의 전제였던 인간관계, 즉 '서로가 서로에 대해 타인'인 관계와는 다른 관계, 서로에게 복이 되고, 서로에게 선물이 되는 그런 관계를 지향하는 거죠. 경제를 윤리 아래 둔다고 할까요. 공동체에서 이루어지는 활동과 물건의 순환을 경제적 가치의 창출보다는 우정과 환대라는 윤리적 가치의 창출과 순환으로 보는 것이죠.

그러다 보니 재화에 대한 가치평가가 자본주의 시장과는 다릅니다. 생산된 물품의 가치평가는 대체로 생산자들에 의해 이뤄집니다. 특이한 것은 품앗이나 목공소 일이나 그 물품은 '복'으로 거래가 가능하지만 주방에서 음식을 만드는 일에는 '복'이 지불되지 않습니다. 가치가 없어서가 아닙니다. 이상하게 들리겠지만, 가치가 너무 높기 때문입니다. 모두가 먹을 것을 마련하는 일은 대가 없이 '그냥' 해야 하는 겁니다. 그리고 그 일은 어떤 것으로도 평가할 수 없는, 한 사람이 다른 사람에게 줄 수 있는 최고의 선물이라고 생각합니다. 일반 화폐는 물론이고 공동체화폐조차 침입해 들어갈 수 없는 영역이 있는 것이죠.

그런데 '복'을 쓸 수 없는 바로 이 영역이, 이 공동체가 일반 화폐가 아닌 '복'을 쓰는 근본 이유를 제공합니다. 활동과 활동의 산물을 상품화하지 않겠다는 정신이 거기 담긴 것이니까요. 예전에 내가 속했던 '연구공간 수유너머'에서도 그랬습니다. 누구나 수십 명분의 밥을 짓는 일이 육체적으로 힘들다는 것을 알고 있었습니다. 그리고 밥 짓기를 조직하는 주방매니저의 일이 공동체의 다른 어떤 매니저의 일보다 힘들다는 것도 알고 있었고요. 그런데도 밥 짓는 일에는 어떤 보상도 없었으며, 주방매니저가 받는 활동비도 다른 매니저들보다 대체로 적었습니다. 두 가지 이유였는데요. 하나는 방금 말한 것처럼 이 일에 대한 가치평가가 이루어지는 것을 막기 위해서였고, 다른 하나는 이런 일, 다시 말해 다른 구성원들에게 먹을 것을 내놓는 일은 무심한 듯 '그냥' 하는 것이어야 한다는 생각이 있었기 때문입니다.

문탁네트워크의 '복' 이야기를 정리하자면, 여기서는 한편으로 복을 통해 공동체의 물품과 활동을 순환시키고 공동체성을 환기하지만, 다른 한편으로는 공동체의 활동과 생산물이 상품화되지 않도록 제어장치를 두려 했던 겁니다. 물론 이런 실험이 쉽지는 않습니다. 우리가 필요로 하는 활동이나 물건들 상당수는 여전히 시장을 통해 공급되고 있으며, 이런 공동체들도 자본주의 생산양식 바깥에 따로 떨어져 있는 것은 아니니까요. 공동체의 활동과 생산물은 삶의 일부분, 어찌 보면 아주 작은 부분만을 해결해줍니다. 그래도 이 작은 부분을 무시할 수 없습니다. 적어도 그 작은 부분만큼은 우리가 비자본주의적 삶을 살고 있는 것이며, 이 크기는 사람마다 공동체마다 가변적입니다. 그리고 이 크기만큼 우리 삶의 모습은 크게 달라집니다.

III──공동체와 화폐②: 노동시간전표와 노동화폐

과연 우리는 화폐를 통해 공동체를 비자본주의적으로 변화시킬 수 있을까요? 그런데 이것은 화폐에 달린 문제가 아닙니다. 마르크스는 『자본』 I권 제2장의 각주에서 프루동의 화폐폐지론을 비판하면서 "가톨릭을 존속하면서 교황을 폐지"하려는 것이라고 했습니다.[김, 114, 각주 4; 강, 153, 각주 40] 우리는 좋은 화폐를 만들면 비자본주의사회가 가능하다고 믿는 사람에게, 마르크스의 말을 살짝 바꾸어 답해줄 수 있을 겁니다. 교황만으로 가톨릭을 바꾸려 한다고요. 물론 좋은 교황이 가톨릭을 어느 정도 좋게 만들 수는 있을 겁니다. 하지만 교황으로 가톨릭을 넘어설 수는 없지요.

　화폐가 무엇일 수 있는가는 화폐 자체보다 그것을 사용하는 공동체가 어떤 것이냐에 달렸습니다(사회적 차원에서 말하자면 '생산양식' 내지 '편제'에 달렸다고 할 수 있을 겁니다). 그래서 어떤 곳에서는 '복'도 '화폐'가 될 수 있지만, 어떤 곳에서는 '화폐'도 '복' 즉 '선물'이 될 수 있습니다. 이것이 마르크스가 프루동과 오언(R. Owen)의 화폐에서 발견한 차이입니다. 마르크스는 프루동주의자들이 떠올린, 화폐를 대신하는 '노동시간전표'에 대해서는 여전히 화폐라고 했지만, 오언의 '노동화폐'는 화폐의 이름을 가졌지만 '화폐'가 아니라고 했지요.[김, 123, 각주 1; 강, 161, 각주 50]

'노동시간전표'란 상품에 포함된 노동시간을 직접 표현하는 것인데요. 상품의 가치가 그 상품을 생산하는 데 필요한 노동시간이라면, 금 같은 상품으로 간접적으로 나타낼 게 아니라 노동시간으로 직접 표현하면 되지 않겠느냐는 순진한 발상에서 나온 겁니다. 가치를 그대로 나타내는 화폐를 꿈꾼 것이죠. 하지만 상품의 가치는 '사회적' 필요노동시간이지 개인적 노동시간이 아닙니다. 그리고 사회적으로 결정된 상품의 가치(개인은 그것을 미리 알 수 없습니다)는 다른 상품과의 교환을 통해서만 확인할 수 있습니다. 상품의 가격은 화폐상품, 이를테면 금과 교환되는 비율이죠. 그런데 '노동시간전표'를 쓰자고 말하는 사람들은 '금' 대신 노동시간을 기록한 종이를 쓰자는 겁니다. 이는 가격을 또 다른 가격으로 바꾸는 것일 뿐 가격으로 가치를 대치하는 것이 아닙니다.

'노동시간전표'를 주장하는 사람들은 상품가격을 'X노동시간'이라고만 쓰면 가치와 가격의 괴리가 사라진다고 믿었습니다. 마르크스는 이 '환상'을 강하게 비판했습니다.[88] 과연 가격을 '2만 원'이라고 쓴 것을 '5시간'이라고 쓰면 가치와 가격의 괴리가 사라지고 화폐는 가치의 충실한 대변자가 될까요? 그렇게 하면 부르주아적 생산의 폐해도 사라지고 공황도 사라질까요?

가치형태론을 이해하는 사람이라면 이게 얼마나 엉터리 구상인지 알 수 있을 겁니다. '노동시간전표'는 금화 내지 다른 지폐와 다를 바 없습니다. 단지 상품의 가치를 금이라는 사물과의 교환비율로 나타내던 것을 '노동시간전표'라는 것과의 교환비율로 나타내게 되겠지요. 그럼 사정은 똑같습니다. 상품의 수요와 공급에 어떤 문제가 생기면 가치 변화 없이도 가격표시를 바꿔야 하고, 그럼 금보다 더 끔찍한 문제가 생깁니다. 가치의 실재적 척도인 노동시간과 가격표시의 이름이 같아지면서 가치를 제대로 반영하지 않는데도 가치를 반영했다는 착각만 강화하니까요. 본문에서 우리는 가치의 변화가 없는데도 가격이 변하는 경우를 이야기한 바 있습니다. 이런 경우 노동시간으로 가격표시를 하면, 똑같은 사회적 필요노동시간이 대상화된 경우에도(즉 가치가 동일한 경우에도) 서로 다른 노동시간으로 표시를 하게 될 겁니다.

그래서 마르크스는 노동시간전표에 대해 "지금의 화폐가 수행하는 서비스는 하지 못하면서 그것의 모든 속성을 가지고 등장할 것"이라고 했지요.[89] 화폐를 대체하기는커녕 화폐의 속성은 다 갖고 있으면서 그나마 화폐가 수행하던 기능조차 제대로 수행하지 못한다는 거죠.

그렇다면 문제는 어디에 있었던 걸까요? 상품거래는 그대로 두고 화폐를 없애려 한 데 있지요. 상품을 거래하면서 진정한 가치대로 교환되는 거래를 꿈꾼 것입니다. 그러나 자본주의적 상품거래를 상정하는 한 가치형태로서 화폐의 출현은 불가피합니다. 화폐를 노동시간전표로 바꾼다고 해서 그것이 화폐가 안 되는 것이 아닙니다. 이것이, 마르크스에 따르면 "화폐의 퇴화와 상품의 승천을 사회주의의 핵심으로 설교했던…… 프루동 씨와 그 학파"의 엉터리 주장입니다.[90]

오언의 '노동화폐'(Arbeitsgeld)는 무엇이 달랐던 걸까요. 오언은 '전국공평노동교환소'(National Equitable Labor Exchange)를 런던과 버밍엄과 스코틀랜드에 개설했습니다. 일종의 바자(bazar)인데요, 그는 여기서 협동조합의 생산물을 교환할 수 있게 했습니다. 이때 노동화폐를 사용하게 했지요. 마르크스는 이 노동화폐를 극장입장권(Theatermarke) 같은 것이라고 했습니다.[김, 123, 각주 1; 강, 161, 각주 50] 일종의 권리증명서인 겁니다. 노동에 얼마만큼 참여했다는 증명서와 다를 바 없는데요. 노동시간전표와의 결정적 차이가 뭘까요. 오언이 이야기하는 협동조합의 생산물은 상품이 아닙니다.

이 시리즈 2권 『마르크스의 특별한 눈』에서 '자유로운 개인들의 연합'에 대해 언급했던 것을 기억할 겁니다. 여기서는 총노동과 개별노동의 관계가 직접적이라고 했습니다. 전체 노동시간은 개별 노동시간의 산술적 합이라고요. 시장을 통해 가치가 규정되는 게 아닙니다. 개인들은 해당 노동량을 입증하는 증명서를 갖고 소비수단 저장소에 갑니다. 증명서를 제시하고 그만큼의 노동생산물을 가져오면 됩니다. 마르크스는 오언의 '노동화폐'도 이런 것이었다고 생각한 듯합니다. 그렇다면 '노동화폐'는 화폐라는 이름을 가졌지만 실제로는 화폐가 아닌 거죠. 공동의 생산활동에 참여했다는 증명서이고 생산물 중 소비용으로 책정된 부분에 대한 청구권이죠. 물론 2권에서 내가 지적했던 것처럼 이런 증명서에도 문제는 있습니다. '생산에 참여한 노동량'이라는 것을 정확히 측정하기도 불가능하고(노동의 강도나 질적 측면까지 담아내지는 못할 테니까요), 무엇보다 공동체 구성원의 삶을 노동 중심으로만 평가할 우려가 있지요. 그래서 마르크스도 거기에는 아직 낡은 사회의 태반이 붙어 있다고 했지요.

'노동시간전표'와 '노동화폐'에 대한 이야기는 공동체화폐에 대한 고민에 시사하는 바가 있습니다. 공동체의 생산양식과 소통양식을 먼저 살펴야 합니다. 그러고 나서 필요한 수단을 고안하는 게 낫습니다. 그것의 이름이 '화폐'인지 아닌지는 부차적입니다. 아무리 화폐가 아니라고 우겨도 화폐인 경우가 있고, 화폐라는 이름을 내세워도 화폐가 아닐 수 있습니다. 화폐만 보고 있으면 우리는 화폐에 대해 실상은 아무것도 보지 못할 수 있습니다.

IV——마르크스의 비유: '몸을 파는 여성'과 '가죽을 파는 동물'

마르크스가 '노동력을 판 노동자'의 처지를 묘사하며 비유로
동원한 존재들이 있습니다. 내가 이 책의 본문 첫 부분에서 다
룬 '몸을 파는 여성'이 그렇고요. 다음에 4권에서 다룰 '가죽
을 팔았으므로 무두질만을 기다리는 사람'(사실은 가죽 때문에
도살장으로 끌려가는 동물)이 그렇습니다. 노동자의 '노동력' 판
매를 여성이 '몸'을 판 것, 동물이 '가죽'을 판 것에 비유한 겁
니다. 노동자가 노동력을 팔고 작업장에 들어가는 것은 '몸을
판 여성'처럼 자신의 생체에 대한 사용권을 넘긴 것이고, 상
품을 생산하며 생명력을 소진하는 것은 가죽을 생산하기 위
해 도살장에 끌려가는 소와 같다는 겁니다.

　　자본주의에서 노동자의 처지와 노동의 성격을 생각하면
무척이나 와 닿는 비유가 아닐 수 없습니다. 실제로 노동력의
판매와 성의 판매·가죽의 판매는 어느 선으로 딱 자를 만큼
그 경계가 선명하지 않기도 합니다. 하지만 여성의 자리에서,
더 나아가 동물의 자리에서 생각한다면 이 비유는 무언가 불
편한 감정을 일으킵니다.

　　일단은 주체에게 해당 상품이 의미하는 바가 매우 다릅
니다. 노동력을 판매한다는 것은 '몸을 파는 것'과 같다고 할
수 있습니다만, 일반적 노동의 경우 엄밀히 말하면 몸에 직접
개입한다기보다 '의지'에 개입하는 것입니다. 노동자의 의지

를 자본가의 의지에 종속시키는 거죠. 이는 성노동처럼 내 몸을 마음대로 만지고 다룰 수 있게 하는 것과는 매우 다릅니다.

'가죽을 판 동물'도 마찬가지입니다. 노동자가 상품을 생산하며 생명력을 소진하는 것은 사실입니다. 그리고 수많은 산업재해가 보여주듯 노동이 죽음 곁에 있는 것도 사실이고요. 그렇다 하더라도 공장노동자와 도살장 소 사이에는 무시할 수 없는 거리가 있습니다. 가죽이나 고기는 소를 죽이고 몸을 곧바로 취한 것입니다. 동물의 경우에는 몸을 판다는 것이 실재입니다. 그 죽음도 흘린 피도 상징이 아니라 실재입니다. 그러므로 똑같이 몸을 팔아 상품을 내놓는다 해도, 성이 여성에게 갖는 의미 그리고 가죽이 소에게 갖는 의미는, 일반 상품이 노동자와 맺는 관계와 같을 수 없습니다.

다음으로, 이들은 생산에서 지위가 크게 다릅니다. 물론 일반 노동자도 표면적으로는 자본가와 동등하고 자유의사에 따라 취업을 하더라도 구조적으로는 비대칭적 폭력 상황에 처해 있습니다. 계약에 생존이 걸린 사람과 이익이 걸린 사람 사이의 동등한 계약이란 결코 동등한 것이 될 수 없죠. '몸을 파는 여성'의 경우도 그렇습니다. 표면적으로만 보면 이때 여성은 자유의사로 몸을 팝니다. 마르크스가 각주에서 언급한 중세시대에도 그랬습니다.[91] 도덕적으로는 비난을 퍼부었지만 중세 도시에서 "매춘은 여느 직업과 다름없는 직업"이었다는 평가도 있습니다.[92]

그렇다고 '노동력'을 판 '노동자'와 '몸을 파는 여성'이

같을까요? 마르크스가 서양 중세를 이야기했으니 그때 상황에서 이야기를 해보죠. 서구 중세 도시에서 노동 계층이나 농촌 출신 여성이 가질 수 있는 직업이 대표적으로 둘 있었는데 하나가 '매춘'이고 다른 하나가 '하녀'였습니다. '하녀'가 얼마나 많았던지 중세의 신분질서에 대해 쓴 저자들은 "도시노동에서 여성의 역할에 대해 설명할 때 하녀를 별도의 하위 계층으로 구분할 필요"를 느꼈을 정도랍니다.[93]

하지만 가난한 여성들이 매춘과 하녀를 직업으로 택할 수밖에 없었던 것은 이들이 노동시장에서 배제되었기 때문입니다. 성노동과 가사노동은 다른 직업을 구할 수 없었기에 얻은 직업, 다시 말해 노동시장에서 배제되었기에 선택했던 노동이었습니다. 배제된 채로 포함된 노동, 평가절하된 채로만 인정될 수 있는 노동이었던 것이죠. 이들은 상품생산자의 지위를 제대로 차지하지 못했습니다. 이들의 활동 역시 제대로 된 노동으로 평가받지 못했어요.

서구 중세 도시의 이야기라고 했습니다만, 이런 사태는 인클로저(enclosure) 시기에 본격화되었습니다. 노동자에 대한 자본가의 패권이 수립되는 과정이, 여성에 대한 남성의 패권이 수립되는 과정과 함께 일어난 겁니다. 가부장제 역사가 자본주의 역사와 같은 것은 아닙니다만, 최소한 둘이 교차하는 곳에서 남성패권의 자본주의적 형태가 만들어졌다고 할 수는 있을 겁니다. 마르크스는 자본주의의 역사적 형성과 관련해 노동자에 대한 자본가의 패권이 만들어지는 과정에 대해서는 많은 이야기를 했습니다만, 유감스럽게도 여성에 대한 남성의 패권이 만들어지는 과정에 대해서는 별로 이야기한 바가 없습니다.

한 걸음 나아가면, 동물에 대해서는 더더욱 그렇습니다. 동물은 '생산자의 위치' 자체를 차지할 수 없습니다. 주변적 위치도 차지하지 못하지요. 형식적으로 평등한 계약조차 동물에게는 해당하지 않습니다. 계약의 주체가 될 수 없으니까요. 동물들은 생산자가 아니라 생산수단입니다. 동물은 일을 해도 일을 하는 게 아닙니다. 노동자가 하는 일에 동원된 도구일 뿐이죠.

사실은 자연 일반이 그렇습니다. 자연에서 일어난 일들, 자연의 작용들 자체는 '가치'가 없습니다. 자연은 '가치'를 생산하지 않습니다. '가치' 생산에 이용될 뿐이지요. 따라서 가치론에 입각한다면 자연은 착취를 당하는 것도 아닙니다. 노동자가 착취를 당했다고 할 때의 그런 의미(잉여가치)로 자연은 착취를 당했다는 표현은 쓸 수 없습니다. 착취에 대해 굳이 말한다면 경제적 '가치' 개념 자체가 자연에 대한 폭력이자 착취라고 해야 할지도 모르지요. 따라서 『자본』을 읽으면서 이런 이야기를 하기가 쉽지는 않습니다. 그렇다고 논의의 단서조차 없는 것은 아닙니다. 우리는 이 시리즈의 이어지는 책들에서, 특히 마지막 12권에서, 자본주의 생산양식에 내포된 자연에 대한 폭력과 자연의 황폐화에 대한 이야기를 해볼 겁니다(물론 이때도 인간주의를 완전히 넘어설 수는 없습니다).

끝으로 하나 첨언하자면, 젊은 시절 마르크스는 정치경제학(국민경제학)을 공부하면서 이 학문에 독특한 인간학이 들어 있음을 깨닫습니다. 정치경제학자들의 눈에는 상품을 생산하는 노동자(상품이 되는 한에서의 노동자)만 인간이었습니다. "국민경제학은 노동하지 않을 때의 노동자는 인간으로 간주하지 않으며, 그런 식의 간주는 형사법정, 의사들, 종교, 통계표, 정치, 거지 단속 경찰에게 맡겨버린다."[94] 노동하지 않는 존재들, 노동자가 아닌 존재들은 "의사, 재판관, 무덤 파는 사람, 거지 단속 순경 등의 눈에만" 보일 뿐이고 정치경제학자의 눈에는 보이지 않는다고 했지요. 그래서 이런 존재들을 그는 "국민경제학 영역 바깥의 유령들"(Gespenster außerhalb ihres Reichs)이라고 불렀습니다.[95]

그런데 우리가 정치경제학을 비판한다면 우리는 이 유령들을 마냥 바깥에만 둘 수 없을 겁니다. 노동하지 않는 인간, 노동자로 인정받지 못하는 인간, 그 활동이 노동으로 평가받지 못하는 인간, (더 나아가 '인간'이라는 말까지 우리가 넘어설 수 있다면) 그런 '존재들'에 대해 우리는 사고해야 할 겁니다. 그리고 그때는 '착취된 가치'만큼이나 '가치의 착취', 즉 '가치' 개념의 착취적 성격에 대해서도 이야기해야 할 겁니다.

1   배덕민, 「45년 만의 운수좋은 날」, 『내가 시설에 있을 이유는 그
    어디에도 없습니다』(탈시설을 위한 시설생활인 증언대회 자료집),
    사회복지시설 비리 척결과 탈시설 권리 쟁취를 위한 공동행동단,
    2008, 59쪽.

2   Nickie Roberts, *Whores in History: Prostitution in Western Society*,
    London: HarperCollins Publishers, 1992(김지혜 옮김, 『역사 속의
    매춘부들』, 책세상, 2004, 130쪽).

3   F. Nietzsche, "Fünf Vorreden zu fünf ungeschriebenen Büchern",
    1872(이진우 옮김, 「씌어지지 않은 다섯 권의 책에 대한 다섯 개의 머리말」,
    『유고(1870~1873)』, 책세상, 2001, 311쪽).

4   A. Smith, *An Inquiry into the Nature and Causes of the Wealth of
    Nations*, 1776(김수행 옮김, 『국부론』, 상권, 동아출판사, 1996, 21쪽).

5   같은 책, 53쪽.

6   K. Polanyi, "Our Obsolet Market Mentality", *Commentary*, Vol. 3.
    Feb., 1947(홍기빈 옮김, 「낡은 것이 된 우리의 시장적 사고방식」, 『전
    세계적 자본주의인가 지역적 계획경제인가 외』, 책세상, 2002, 33쪽).

7   F. Tönnies, *Gemeinschaft und Gesellschaft*, 1887(곽노완·황기우 옮김,
    『공동사회와 이익사회』, 라움, 2017, 251쪽, 255쪽 그리고 260~261쪽).

8   같은 책, 80쪽.

9   같은 책, 89쪽.

10 C. B. Macpherson, *The Political Theory of Possesive Individualism*,
    1962(이유동 옮김, 『소유적 개인주의의 정치이론』, 인간사랑, 1991, 49쪽).

11 T. Hobbes, *Leviathan, or The Matter, Forme and Power of a Common-Wealth Ecclesiastical and Civil,* 1651(한승조 옮김, 『군주론/리바이어던』, 삼성출판사, 1995, 205쪽).

12 A. Smith, 위의 책, 29쪽.

13 K. Polanyi, 위의 책, 34쪽.

14 K. Marx, *Grundrisse der Kritik der politischen Ökonomie,* 1857(김호균 옮김, 『정치경제학 비판 요강』, I, 백의, 2000, 137쪽).

15 K. Marx, *Zur Kritik der Politischen Ökonomie,* 1859(김호균 옮김, 『정치경제학 비판을 위하여』, 중원문화, 1989, 202쪽).

16 M. Douglas, "Raffia Cloth Distribution in the Lele Economy", *Journal of the International African Institute,* Vol. 28, No. 2(Apr., 1958), pp. 109~122.

17 J. Le Goff, *La bourse et la vie,* Hachette, 1986(김정희 옮김, 『돈과 구원』, 이학사, 1998, 25쪽).

18 K. Polanyi, "Aristotle Discovers The Economy", ed. By K. Polanyi, C. M. Arensberg and H. W. Pearson, *Trade and Market in the Early Empires,* 1956(이종욱 옮김, 『초기제국에 있어서의 교역과 시장』, 민음사, 1994, 110쪽).

19 같은 책, 같은 쪽.

20 K. Marx, 『정치경제학 비판 요강』, I, 215쪽.

21 G. Simmel, *Philosophie des Geldes,* 1900(안준섭·장영배·조희연 옮김, 『돈의 철학』, 한길사, 1983, 284~292쪽).

22 K. Marx, 『정치경제학 비판을 위하여』, 39쪽.

23 김성경, 「탈북자가 경험하는 북중 경계지역과 이동경로」, 『탈북의 경험과 영화 표상』, 문화과학사, 2013, 88쪽.

24 K. Marx, 『정치경제학 비판 요강』, I, 219쪽.

25 K. Polanyi, *The Great Transformation,* 1944(박현수 옮김, 『거대한 변환』, 민음사, 1996, 85쪽); F. Braudel, *Civilisation matérielle, économie et capitalism,* tome III(주경철 옮김, 『물질문명과 자본주의』, III-1, 까치, 2001, 137쪽).

26 K. Marx, 『정치경제학 비판 요강』, I, 219쪽.

27 J. Law, *Money And Trade Considered With A Proposal For Supplying The Nation With Money,* 1705, ed. by A. E. *Murphy, Monetary Theory: 1601~1758,* Vol. V, Routledge, 1990, p.55.

28 K. Marx, 『정치경제학 비판 요강』, I, 219쪽.

29 M. Douglas, *The Lele of The Kasai,* Mary Douglas Collected Works, Vol. 1, Routledge, 2003, pp.61~67.

30 K. Marx·F. Engels, *Manifest der Kommunistischen Partei,* 1848(최인호 옮김, 『공산주의당선언』, 『카를 마르크스 프리드리히 엥겔스 저작선집』, 제1권, 박종철출판사, 1993, 404쪽).

31 K. Karatani, *Architecture as Metaphor: Language, Number, Money,* The MIT Press, 1995(김재희 옮김, 『은유로서의 건축』, 한나래, 1999, 222쪽).

32 F. Engels, "런던의 마르크스에게"(1867년 6월 26일 편지), MEW 31, 310쪽. 『자본』 출간과 관련된 마르크스와 엥겔스의 편지들 모음은 다음 책을 참고. Karl Marx·Friedrich Engels, Über *"Das Kapital":* Briefwechsel, ausgewählt und eingeleitet vom Hannes Skambraks,

1985(김호균 옮김, 『자본론에 관한 서한집』, 중원문화, 2012).

33 K. Marx, "맨체스터의 엥겔스에게"(1867년 6월 27일 편지), MEW 31, 312~313쪽.

34 안현효, 『현대 정치경제학의 재구성을 위하여』, 새날, 1996, 76~84쪽.

35 A. Nelson, *Marx's Concept of Money: The God of Commodities*, Routledge, 1999.

36 K. Marx, 『정치경제학 비판을 위하여』, 53쪽.

37 M. Weber, *Wirtschaft und Gesellschaft,* 1921(박성환 옮김, 『경제와 사회』, 1권, 문학과지성사, 1997, 214쪽).

38 M. Weber, *Wirtschaftsgeschichte,* 1923(조기준 옮김, 『사회경제사』, 삼성출판사, 1991, 253~255쪽).

39 같은 책, 253쪽.

40 같은 책, 255쪽.

41 K. Polanyi, 『초기 제국에 있어서의 교역과 시장』, 341쪽.

42 K. Polanyi, *The Livelihood of Man,* 1977(박현수 옮김, 『사람의 살림살이』, 풀빛, 1998, 213쪽).

43 K. Polanyi, 『초기 제국에 있어서의 교역과 시장』, 332쪽.

44 K. Polanyi, 『사람의 살림살이』, 227쪽.

45 K. Marx, 『정치경제학 비판 요강』, I, 178쪽.

46 그렉 로글린의 블로그(oklo.org)에서 행성의 가격 추산 공식을 볼 수 있으며, 내용 소개와 로글린에 대한 인터뷰는 이 글(https://boingboing.net/2011/02/03/cosmic-commodities-h.html)을 참고.

47 G. Simmel, 『돈의 철학』, 448쪽.

48 이재모, "화폐단위 '원'의 유래", 『부산일보』(2010. 2. 6), http://
news20.busan.com/controller/newsController.jsp?news
Id=20100205000231.

49 정운영, 『노동가치이론연구』, 까치, 1993, 45쪽.

50 K. Marx, *Das Kapital: Kritik der politischen Öconomie,* 1894(김수행
옮김, 『자본론』, III-상, 비봉출판사, 2015, 43쪽).

51 같은 책, 192~196쪽.

52 F. Engels, 김수행 옮김, 「『자본』 III권에 붙인 서문」, 『자본론』,
III-상, 비봉출판사, 2015, 21쪽; F. Engels, "Wertgesetz und
Profitrate", 1894(김수행 옮김, 「가치법칙과 이윤율」, 『자본론』, III-하,
비봉출판사, 2015, 1127쪽).

53 F. Engels, 「가치법칙과 이윤율」, 같은 책, 1127쪽에서 재인용.

54 같은 글, 같은 책, 1128~1129쪽.

55 정운영, 위의 책, 48~49쪽.

56 G. Simmel, 위의 책, 482쪽.

57 M. Serres, *Le Parasite,* 1980(김웅권 옮김, 『기식자』, 동문선, 2002,
223쪽).

58 같은 책, 230~231쪽.

59 D. Hume, *Political Discourses,* 1752(ed. by A. E. Murphy, *Monetary
Theory: 1601~1758,* Vol. VI, Routledge, 1997, p. 66).

60 같은 책(1997), pp. 68~69

61 P. Vilar, *Or et monnaie dans l'histoire 1450~1920,* 1974(김현일 옮김,
『금과 화폐의 역사 1450~1920』, 까치, 2000, 110~111쪽).

62 같은 책, 208쪽.

63 같은 책, 99쪽.

64 D. Hume, 위의 책, 69쪽.

65 같은 책, 70쪽.

66 K. Bieda, "Copernicus as an economist", *The Economic Record,* Vol. 49(125), 1973, p. 95. 그리고 M. Friedman, *Money Mischief,* 1992(김병주 옮김, 『돈의 이야기』, 고려원, 1992, 53쪽, 68쪽).

67 K. Marx, "브라이튼의 엥겔스에게"(1877년 3월 7일 편지), MEW 34, 39쪽.

68 J. Williams et al., *Money: A History,* British Museum Press, 1997(이인철 옮김, 『돈의 세계사』, 까치, 1998, 173쪽).

69 P. Vilar, 위의 책, 254쪽.

70 C. P. Kindleberger, *A Financial History of Western Europe,* Oxford University Press, 1993, p. 77.

71 K. Marx, 『자본론』, III-상, 515쪽

72 I. Wallerstein, *The Modern World-system,* II, 1980(나종일 외 옮김, 『근대세계체제』, II, 까치, 1999, 429~430쪽).

73 K. Marx, 『정치경제학 비판 요강』, I, 192쪽.

74 같은 책, 213쪽.

75 D. Harvey, *A Companion to Marx's Capital,* 2010(강신준 옮김, 『데이비드 하비의 맑스 '자본' 강의』, 창비, 2014, 110쪽).

76 K. Marx, 『정치경제학 비판을 위하여』, 117쪽.

77 J. M. Keynes, *The General Theory of Employment, Interest and Money,* 1936(조순 옮김, 『고용, 이자 및 화폐의 일반이론』, 비봉출판사, 1997, 164~168쪽).

78 K. Marx, *Ökonomisch-philosophische Manuskripte aus dem Jahre 1844*(최인호 옮김, 『1844년의 경제학 철학 초고』, 박종철출판사, 1991, 339쪽).

79 K. Marx, 『정치경제학 비판 요강』, I, 212쪽.

80 F. Braudel, *Civilisation Matérielle, Économie et Capitalism,* Tome I, 1979(주경철 옮김, 『물질문명과 자본주의: 일상생활의 구조』, I-2, 까치, 1995, 639쪽에서 재인용).

81 M.-T. Boyer-Xambeu, G. Deleplace & L. Gillard, tr. by A. Azodi, *Private Monney & Public Currencies—The 16th Century Challenge,* M. E. Sharpe, 1994, pp. 92~93.

82 G. W. F. Hegel, *Grundlinien der Philosophie des Rechts,* 1820(임석진 옮김, 『법철학』, 지식산업사, 1996, 468쪽).

83 D. Ricardo, *On The Principles of Political Economy And Taxation,* 1817(정윤형 옮김, 『정치경제학 및 과세의 원리』, 비봉출판사, 1991, 438쪽).

84 R. S. Sayers, "Ricardo's Views on Monetary Questions", *Papers in English Monetary History,* Oxford University Press, 1953, p. 80.

85 K. Marx, 『자본론』, III-상, 571~572쪽.

86 V. A. Zelizer, *The Social Meaning of Money,* Basic Books, 1994, p. 3.

87 같은 책, 같은 쪽.

88 K. Marx, 『정치경제학 비판 요강』, I, 115쪽.

89 같은 책, 117쪽.

90 K. Marx, 『정치경제학 비판을 위하여』, 77쪽.

91 Nickie Roberts, 위의 책, 374쪽.

92 Shulamith Shahar, *The Fourth Estate: A History of Women in the Middle Ages*, 2003(최애리 옮김, 『제4신분, 중세 여성의 역사』, 나남, 2010, 372쪽.

93 같은 책, 369쪽.

94 K. Marx, 『1844년의 경제학 철학 초고』, 228쪽.

95 같은 책, 283쪽.

〈북클럽『자본』〉Das Buch Das Kapital

3──화폐라는 짐승

지은이   고병권
2018년 12월 27일 초판 1쇄 발행
2021년 6월 7일 초판 3쇄 발행

책임편집   남미은
기획·편집   선완규·김창한·윤혜인
디자인   심우진 simwujin@gmail.com
활자   「Sandoll 정체」 530, 530i, 630
펴낸곳   천년의상상
등록   2012년 2월 14일 제2020-000078호
전화   (031) 8004-0272
이메일   imagine1000@naver.com
블로그   blog.naver.com/imagine1000

ⓒ고병권, 2018

ISBN 979-11-85811-76-5 04100
      979-11-85811-58-1 (세트)